DR. OETKER
BACKEN
MIT GELING-GARANTIE

Impressum

Copyright	© 1995 by Ceres Verlag Rudolf August Oetker KG, Bielefeld
Projektleitung	Gisela Knutzen
Gestaltung	Kontur Design, Bielefeld-Sennestadt
Redaktion	Gisela Knutzen Annette Elges Marion Friedrich
Titel-Foto	Brigitte Wegner, Bielefeld
Reproduktion	Pörtner & Saletzki, Bielefeld
Satz	Werbedruck Zünkler, Bielefeld-Sennestadt
Gesamtherstellung	Mohndruck, Grafische Betriebe GmbH, Gütersloh Nachdruck, auch auszugsweise, nur mit unserer ausdrücklichen Genehmigung und mit Quellenangabe gestattet
ISBN	3-8122-3726-1

DR. OETKER

BACKEN

MIT GELING-GARANTIE

Liebe Freunde
des Backvergnügens,

was Sie hier in den Händen halten, ist nicht einfach nur ein Backbuch. Es ist das Ergebnis von 100 Jahren Erfahrung – eben ein Dr. Oetker Backbuch! Vieles hat sich seit 1895 verändert, denken Sie nur an die neue Küchentechnik und all die Produkte, die wir heute stets frisch kaufen können. Aber eins ist seit dem ersten Dr. Oetker Backbuch gleich geblieben: Die hohe Qualität der Rezepte. Jedes einzelne wird immer wieder sorgfältig geprüft und gelingt deshalb garantiert.
Für diese Jubiläumsausgabe habe ich zusammen mit dem Dr. Oetker-Team die schönsten Back-Ideen ausgewählt und ganz neu für Sie überarbeitet. So gelingt Ihnen ein klassischer Apfelkuchen genauso gut wie exotische Kiwitörtchen oder eine pikante Pizza. Und viele wertvolle Tips und Tricks am Rande werden Sie garantiert zu eigenen Back-Kreationen inspirieren!
Also – viel Spaß mit Ihrem neuen Backbuch!

Ihre
Gerda Aurich

BACKEN IM FRÜHLING

Seite 8 bis 39

BACKEN IM SOMMER

Seite 40 bis 71

BACKEN IM HERBST

Seite 72 bis 105

Rhabarber ist das erste heimische Obst und der Auftakt für fruchtige, leichte Gebäcke.
Ostertorten, Hefezöpfe, gebackene Hasen und Lämmer, reich verziert, schmücken in dieser Jahreszeit den traditionellen Ostertisch, und bunte Torten und Gebäck-Herzen verwöhnen zum Muttertag.

UNSER TIP

Um zu verhindern, daß das mit Obst belegte Gebäck weich wird, ist es empfehlenswert, die Törtchen vor dem Belegen mit Sahnesteif zu bestreuen.

Obsttörtchen

12–14 Törtchen

	Für den Teig
200 g Weizenmehl	mit
1 gestrichenen Teel. Backpulver	mischen, auf die Tischplatte sieben, eine Vertiefung eindrücken,
75 g Zucker **1 Päckchen Vanillin-Zucker** **Salz** **4 Tropfen Backöl Zitrone** **2 Eßl. Wasser**	hineingeben, mit einem Teil des Mehls zu einem dicken Brei verarbeiten,
100 g kalte Butter	in Stücke schneiden, auf den Brei geben, mit Mehl bedecken, von der Mitte aus alle Zutaten schnell zu einem glatten Teig verkneten, falls er kleben sollte, ihn eine Zeitlang kalt stellen, den Teig etwa 3 mm dick ausrollen, mit einer runden Form (Durchmesser etwa 10 cm) ausstechen, auf ein Backblech legen, mehrmals mit einer Gabel einstechen, in den vorgeheizten Backofen schieben.
Strom:	175–200, Gas: 3–4
Backzeit:	10–15 Minuten
Sahnesteif	Die erkaltenen Plätzchen gleichmäßig mit bestreuen, um zu verhindern, daß die mit Obst belegten Plätzchen durchweichen,
	für den Belag
500—750 g rohes Obst (Erdbeeren, Himbeeren, Heidelbeeren, Weintrauben)	waschen, Himbeeren nur verlesen, gut abtropfen lassen, entstielen oder verlesen, mit
Zucker	bestreuen, kurze Zeit stehenlassen,
gedünstetes oder eingemachtes Obst (z. B. Ananas, Mandarinen)	abtropfen lassen, die Früchte auf die Plätzchen legen, dabei einen etwa 1 cm breiten Rand frei lassen,
	für den Guß
1 Päckchen Tortenguß	mit
Zucker **250 ml (1/4 l) Wasser oder Fruchtsaft**	nach der Vorschrift auf dem Päckchen zubereiten, über das Obst verteilen, nach Belieben
250 ml (1/4 l) Schlagsahne	1/2 Minute schlagen,
1 Päckchen Sahnesteif	mit
1 Päckchen Vanillin-Zucker	mischen, einstreuen, die Sahne steif schlagen, die Törtchen am Rand mit der Sahne verzieren.

Waffeln mit Eis

ohne Abbildung

	Für das Kirschkompott
360 g entsteinte Kirschen (aus dem Glas)	abtropfen lassen, 150 ml Saft abmessen, 2 Eßl. Kirschsaft mit
1 Teel. Speisestärke 50 g Zucker	verrühren, die Kirschen mit dem Kirschsaft, erhitzen, mit dem angerührten Stärkemehl binden, für die Waffeln
75 g Butterschmalz 75 g Zucker 1 Teel. Vanillin-Zucker 1 Eßl. Rum abgeriebener Schale von 1 unbehandelten Zitrone	mit schaumig rühren, nach und nach
3 Eier	unterrühren,
175 g Weizenmehl 1/2 Teel. Backpulver	mit vermischen, unter die Masse heben,
125 ml (1/8 l) Milch	unterrühren, ein Waffeleisen mit Butterschmalz einfetten, 8–10 Waffeln backen, warm halten, das Waffeleisen nach jeder Waffel erneut fetten,
125 ml (1/8 l) Schlagsahne	steif schlagen, die Waffeln mit dem Kirschkompott auf die Teller verteilen, mit Sahnetupfen garnieren,
250 ml Rumtopf-Eis	portionieren, in die Mitte der Waffeln geben.

Erdbeer-Törtchen

500 g Erdbeeren	waschen, abtrocknen, entstielen, eventuell halbieren oder vierteln, mit
1–2 Eßl. Zucker	bestreuen, kurze Zeit durchziehen lassen, auf
6–8 Torteletts (fertig gekauft)	verteilen, mit einem Eis-Portionierer aus
1 Haushaltspackung (500 ml) Erdbeer-Eis	Kugeln formen, auf die Erdbeeren geben,
1 Becher (150 g) Crème fraîche	auf die Portionen verteilen, mit
Grenadine-Sirup	beträufeln, sofort servieren.

Knusprige Erdnußhäufchen

Etwa 25 Stück, ohne Abbildung

100 g Vollmilchschokolade 100 g Zartbitterschokolade	in Stücke brechen, im Wasserbad schmelzen lassen,
50 g Erdnußcreme	mit
25 g braunem Zucker 200 g Erdnußkernen 50 g Cornflakes	unter die Schokolade rühren, von der Masse mit 2 Teelöffeln etwa 25 Häufchen abstechen und auf ein geöltes Backblech setzen, erkalten lassen.

UNSER TIP

Wenn Sie Kuchen oder Torten mit Blüten dekorieren möchten, achten Sie unbedingt auf ungiftige, ungespritzte Sorten. Jasmin, Veilchen, Gänseblümchen, Geranien und Rosen sind gut geeignet. Wollen Sie Blätter mit dazu legen, müssen diese gewaschen werden und wieder vollkommen trocken sein.

Windbeutel mit Ananas

Für den Teig

250 ml (1/4 l) Wasser mit
50 g Butter am besten in einem Stieltopf zum Kochen bringen,

150 g Weizenmehl
30 g Speisestärke mischen, sieben, auf einmal in die von der Kochstelle genommene Flüssigkeit schütten, zu einem glatten Kloß rühren, unter Rühren etwa 1 Minute erhitzen, den heißen Kloß sofort in eine Rührschüssel geben, nach und nach

4–6 Eier mit einem elektrischen Handrührgerät mit Knethaken auf höchster Stufe unterarbeiten, weitere Zugabe von Eiern erübrigt sich, wenn der Teig stark glänzt und so vom Löffel abreißt, daß lange Spitzen hängenbleiben,

1 gestrichenen Teel. Backpulver in den erkalteten Teig rühren, mit 2 Löffeln oder mit einem Spritzbeutel mandarinengroße Teighäufchen auf ein gefettetes, mit Weizenmehl bestäubtes Backblech setzen oder spritzen, in den vorgeheizten Backofen schieben.

Strom: 200–225
Gas: 4–5
Backzeit: 25–30 Minuten. Während der ersten 15 Minuten Backzeit die Backofentür nicht öffnen, weil das Gebäck sonst zusammenfällt, sofort nach dem Backen von jedem Windbeutel einen Deckel abschneiden, für die Füllung

etwa 350 g Ananasscheiben (aus der Dose) abtropfen lassen, in kleine Stücke schneiden,

500 ml (1/2 l) Schlagsahne 1/2 Minute schlagen,
2 Teel. Zucker
1 Päckchen Vanillin-Zucker
2 Päckchen Sahnesteif hinzufügen, die Sahne steif schlagen,
2–3 Eßl. Curaçao unterziehen, die Windbeutel mit der Sahne und den Ananasstückchen füllen, die Deckel darauf legen, mit

gesiebtem Puderzucker bestäuben.

Veränderung: Anstatt der Ananasfrucht können auch beliebig andere Früchte verwendet werden, z. B. halbierte oder geviertelte Erdbeeren, Mandarinenspalten, entsteinte, gedünstete Sauerkirschen oder Himbeeren.

UNSER TIP

Eclairs und Windbeutel können gut im voraus gebacken werden. Dann wie gewohnt aufschneiden, vollständig auskühlen lassen, anschließend gut verpackt einfrieren.
Kurz bevor die Gebäckteile gefüllt werden, sie aus dem Gefrierfach nehmen, Sahne- oder Crememasse einfüllen und mit Puderzucker bestäubt servieren.

UNSER TIP

Die ausgebackenen Ananas lassen sich geschmacklich verfeinern, wenn sie mit Vanillesoße gereicht werden. Anstelle der Ananasscheiben können auch andere Fruchtsorten, z. B. Aprikosen- oder Pfirsichhälften und Apfel- oder Birnenscheiben, verwendet werden.

Ausgebackene Ananas

500 g Ananasscheiben (aus der Dose)	abtropfen lassen, für den Teig
175 g Weizenmehl	und
2 gestrichene Teel. Backpulver	mischen, in eine Schüssel sieben, in die Mitte eine Vertiefung eindrücken,
1 Ei	mit
25 g Zucker	
1 Päckchen Vanillin-Zucker	
1 Prise Salz	
200 ml (1/5 l) Milch	verschlagen, etwas davon in die Vertiefung geben, von der Mitte aus Eimilch und Mehl verrühren, die übrige Eimilch dazugeben, darauf achten, daß keine Klumpen entstehen, die Ananasscheiben in den Teig tauchen, in siedendem
Pflanzenfett	goldgelb backen, auf einem Kuchenrost abtropfen lassen, mit
Zucker	und
Zimt	bestreuen, warm servieren.
Backzeit:	1–2 Minuten
Beigabe:	Vanillesoße

Fettkrapfen

ohne Abbildung

250 ml (1/4l) Wasser	mit
75 g Butter	am besten in einem Stieltopf zum Kochen bringen,
200 g Weizenmehl	mit
25 g Speisestärke	mischen, sieben, auf einmal in die von der Kochstelle genommene Flüssigkeit schütten, zu einem glatten Kloß rühren, unter Rühren etwa 1 Minute erhitzen, den heißen Kloß sofort in eine Rührschüssel geben, nach und nach
5–6 Eier	unterrühren, eine weitere Eizugabe erübrigt sich, wenn der Teig stark glänzt und so vom Löffel abreißt, daß lange Spitzen hängenbleiben,
1 gestrichener Teel. Backpulver	in den erkalteten Teig rühren,
65 g Rosinen	verlesen, unterrühren,
Ausbackfett (Speiseöl, Schweineschmalz oder Kokosfett)	erhitzen, mit einem in das heiße Fett getauchten Teelöffel Teigbällchen abstechen, die Bällchen schwimmend in dem siedenden Fett hellbraun backen, mit einem Schaumlöffel herausnehmen, auf einem Kuchenrost abtropfen lassen, mit
Puderzucker	bestäuben.

Stachelbeeren in Baisertörtchen

6—8 Stück

Für die Füllung

500 g Stachelbeeren (aus dem Glas) abtropfen lassen, den Saft auffangen, für die Baisermasse

2 Eiweiß zu steifem Schnee schlagen, er muß so fest sein, daß ein Messerschnitt sichtbar bleibt, nach und nach

100 g Zucker hinzufügen, die Masse in einen Spritzbeutel mit gezackter Tülle füllen, Törtchen (Ø etwa 7 cm, Randhöhe etwa 2 cm) spiralförmig auf ein mit Alufolie belegtes, gefettetes Backblech spritzen, zu jedem Törtchen einen Tupfen als Hütchen spritzen, das Backblech in den vorgeheizten Backofen schieben, etwa 25 Minuten backen lassen.

Strom: Etwa 100–125, Gas: Etwa 1

Die Törtchen erkalten lassen, kurz vor dem Servieren die Stachelbeeren in die Baisertörtchen füllen, für den Guß

1 Päckchen Tortenguß klar
1/4 l Stachelbeersaft daraus nach Packungsvorschrift einen Tortenguß zubereiten, über die Stachelbeeren verteilen, das Hütchen daraufsetzen

Schlagsahne dazureichen.

Erdbeercrêpes mit Vanilleeis

Für die Crêpes

3 Eier mit
50 ml Milch
Mark von 1/2 Vanilleschote
1 Prise Salz
1/4 Teel. Ingwerpulver
2 Eßl. Amaretto
1 Eßl. Speisestärke verschlagen,

1 Eßl. Butter zerlassen, leicht bräunen, etwas abkühlen lassen, in den Teig rühren,

500 g Erdbeeren vorsichtig waschen, entstielen, etwa 100 g Erdbeeren zum Garnieren beiseite legen, die restlichen Erdbeeren mit

1 Eßl. gesiebtem Puderzucker pürieren, kalt stellen, aus dem Teig hauchdünne Crepes backen, auf 4 Desserttellern mit der Erdbeersoße und jeweils einer von

4 Kugeln Vanilleeis anrichten, mit den zurückgelassenen Erdbeeren und

Zitronenmelisseblättchen garnieren.

Beigabe: Geschlagene Sahne, mit Vanillin-Zucker und Amaretto abgeschmeckt.

Rhabarbertörtchen

Für den Teig
150 g Weizenmehl mit
1 gestrichenen Teel. Backpulver mischen, in eine Rührschüssel sieben,
75 g Zucker
1 Päckchen Vanillin-Zucker
1 Ei
75 g weiche Butter hineingeben, die Zutaten mit einem Handrührgerät mit Knethaken zunächst kurz auf niedrigster, dann auf höchster Stufe gut durcharbeiten, anschließend auf der Tischplatte zu einem glatten Teig verkneten, sollte er kleben, ihn eine Zeitlang kalt stellen,
den Teig etwa 3 mm dick ausrollen, mit einer runden Form (Durchmesser etwa 10 cm) ausstechen, auf ein gefettetes Backblech legen, mehrmals mit einer Gabel einstechen, in den vorgeheizten Backofen schieben.

Strom: 175–200
Gas: 3–4
Backzeit: 10–15 Minuten

Zum Bestreichen
30 g Kuvertüre in einem kleinen Topf im heißen Wasserbad zu einer geschmeidigen Masse verrühren, die erkalteten Plätzchen am Rand etwa 1 cm breit damit bestreichen,

für den Belag
750 g Rhabarber waschen, abtrocknen, in etwa 2 cm lange Stücke schneiden, aber nicht abziehen, mit
150 g Zucker bestreuen, sobald der Rhabarber Saft gezogen hat, ihn zum Kochen bringen, bei schwacher Hitze weich dünsten (er darf nicht zerfallen), etwas abkühlen lassen, 250 ml (1/4 l) von dem Saft abmessen,

für den Guß
1 Päckchen Tortenguß, rot
250 ml (1/4 l) Rhabarbersaft
Zucker nach der Vorschrift auf dem Päckchen zubereiten, den Rhabarber in die Mitte der Plätzchen geben, den Guß darüber verteilen,

zum Verzieren
250 g Schlagsahne 1/2 Minute schlagen,
1 Päckchen Vanillin-Zucker mit
1 Päckchen Sahnesteif mischen, einstreuen, die Sahne steif schlagen, um den Rhabarber spritzen.

UNSER TIP

Beim Überbacken des Osterlammes sollte darauf geachtet werden, daß die Baisermasse nicht zu dunkel wird, da sie dann einen leicht bitteren Geschmack annimmt (Überbackzeit: 5—8 Minuten).

Osterlamm

3 Eier, 2 Eigelb **1 Eßl. heißes Wasser** **100 g Zucker**	mit einem Handrührgerät mit Rührbesen auf höchster Stufe dickschaumig schlagen,
abgeriebene Schale von 1 unbehandelten Zitrone **Mark von 1 Vanilleschote**	hinzufügen,
2 Eiweiß	steif schlagen, auf die Eiercreme geben,
125 g Weizenmehl	mit
125 g Speisestärke **2 gestrichenen Teel. Backpulver**	mischen, darübersieben, alles mit einem Schneebesen vorsichtig unter die Eiercreme ziehen,
150 g zerlassene lauwarme Butter	unterziehen, eine Lammform ausfetten, mit
Semmelmehl	ausstreuen, den Teig einfüllen, glattstreichen, die Form schließen, auf dem Rost in den vorgeheizten Backofen schieben.
Strom:	175–200, Gas: 2–3
Backzeit:	45–50 Minuten
1 Eiweiß	steifschlagen,
50 g Zucker	unterschlagen, in einen Spritzbeutel füllen, das Lamm damit verzieren, unter dem vorgeheizten Grill einige Minuten bräunen, mit
etwas Kakao	bestäuben.

Hefe-Quarkbällchen

ohne Abbildung

200 g Weizenmehl **1 Päckchen Trocken-Backhefe**	in eine Rührschüssel sieben, mit sorgfältig vermischen,
75 g Zucker **1 Päckchen Vanillin-Zucker** **Salz, 1 Ei** **3 Tropfen Backöl Zitrone** **200 g Speisequark** **50 g zerlassene, abgekühlte Margarine**	hinzufügen, die Zutaten mit einem Handrührgerät mit Knethaken zunächst auf niedrigster, dann auf höchster Stufe in etwa 5 Minuten zu einem Teig verarbeiten, sollte er kleben, noch etwas Mehl hinzufügen (aber nicht zuviel, Teig muß weich bleiben), den Teig so lange an einem warmen Ort stehenlassen, bis er sich sichtbar vergrößert hat, ihn dann auf höchster Stufe nochmals kurz durchkneten,
75 g verlesene Rosinen	kurz auf mittlerer Stufe unterkneten,
Ausbackfett	erhitzen, mit einem in das Fett getauchten Teelöffel Teigbällchen abstechen, in dem siedenden Fett schwimmend hellbraun backen, mit einem Schaumlöffel herausnehmen, auf einen Kuchenrost abtropfen lassen, in Zimt-Zucker wälzen.

Italienische Quarkschnitten

4 Eigelb
Meersalz
75 g flüssigen Honig mit einem Handrührgerät mit Rührbesen auf höchster Stufe in etwa 2 Minuten schaumig schlagen,

100 g feingemahlenen Dinkel
1/2 Teel. Backpulver
1 Eßl. Kakao mischen, die Hälfte davon auf die Eiercreme geben, kurz auf niedrigster Stufe unterrühren, den Rest des Mehl-Kakao-Gemisches auf dieselbe Weise mit
4 sehr steifgeschlagenen Eiweiß vorsichtig unter den Teig heben, den Teig etwa 1 cm dick auf ein zur Hälfte mit Backtrennpapier belegtes Backblech streichen,
an der offenen Seite des Blechs das Papier unmittelbar vor dem Teig zur Falte knicken, so daß ein Rand entsteht, das Backblech sofort in den vorgeheizten Backofen schieben.

Strom: Etwa 200
Gas: 3–4
Backzeit: 10–15 Minuten

Den Biskuit auf ein mit
Sucanat bestreutes Geschirrtuch stürzen, das Backtrennpapier mit kaltem Wasser bestreichen, vorsichtig, aber schnell abziehen,
den Biskuit auskühlen lassen,
zu einem Rechteck halbieren, mit einem Gemisch aus
6 Eßl. Mandellikör (Amaretto) und
1/2 Tasse starken Mokka-Kaffee beträufeln,

für die Füllung

250 g Sahnequark (40 % Fett)
200 g Doppelrahmfrischkäse mit der Gabel zerdrücken,
5 Eigelb
2 Messerspitzen Bourbon-Vanille
50 g Ahornsirup und die Quark-Käse-Masse mit einem Handrührgerät mit Rührbesen auf mittlerer Stufe, dann auf höchster Stufe gut miteinander verrühren, die Hälfte der Masse auf einem Biskuitrechteck gleichmäßig verstreichen, die andere Biskuithälfte darauf legen, mit der restlichen Quark-Käse-Masse bestreichen,
1 gehäuften Eßl. Kakao dick darübersieben, das Gebäck im Kühlschrank kalt stellen, dann rechteckige Portionen schneiden, servieren.

UNSER TIP

Anstelle von Doppelrahmfrischkäse kann für die Quarkschnitten Mascarpone verwendet werden, der cremiger und gehaltvoller als der Doppelrahmfrischkäse ist.

Hefezopf

500 g Weizenmehl
1 Päckchen Trocken-Backhefe in eine Rührschüssel sieben, mit sorgfältig vermischen,

50 g Zucker
1 Päckchen Vanillin-Zucker
Salz
2 Eier
1 Eiweiß
250 ml (1/4 l) lauwarme Schlagsahne hinzufügen,

die Zutaten mit einem Handrührgerät mit Knethaken zunächst kurz auf niedrigster, dann auf höchster Stufe in etwa 5 Minuten zu einem Teig verarbeiten, sollte er kleben, noch etwas Mehl hinzufügen, aber nicht zuviel, der Teig muß weich bleiben, den Teig so lange an einem warmen Ort stehenlassen, bis er sich sichtbar vergrößert hat, ihn dann auf höchster Stufe nochmals kurz durchkneten, aus 2/3 des Teiges drei etwa 40 cm lange Rollen formen, flechten, den Zopf auf ein eingefettetes Backblech legen, mit einem Rollholz der Länge nach eine Vertiefung eindrücken,

1 Eigelb
1 Eßl. Milch verschlagen, die Vertiefung mit etwas davon bestreichen, von dem Rest des Teiges drei etwa 35 cm lange Rollen formen, daraus einen Zopf flechten, auf den größeren legen, ebenfalls mit Eigelbmilch bestreichen, den Zopf nochmals so lange an einem warmen Ort gehen lassen, bis er sich sichtbar vergrößert hat, in den vorgeheizten Backofen schieben.

Strom: 175–200
Heißluft: 160–170
Gas: 3–4
Backzeit: Etwa 35 Minuten

UNSER TIP

Der Hefezopf ist ein typisches und beliebtes Ostergebäck. Als Beilage können Butter, verschiedene Konfitüren und hartgekochte Eier gereicht werden.

UNSER TIP

Geschmacklich verfeinert kann der Hefezopf werden durch Hinzufügen von 150 g abgezogenen, gemahlenen Mandeln und 150 g Rosinen. Beide Zutaten werden zum Schluß unter den Teig geknetet.

UNSER TIP

Zum Färben der Eier ist es empfehlenswert, Pflanzenfarbe zu verwenden. Pflanzenfarben sind in Drogerien erhältlich.

Fruchtig-nussiges Osternest

Für den Teig
1 Päckchen Trocken-Backhefe mit
125 ml (1/8 l) lauwarmer Milch und 1 Teel. von
80 g Zucker verrühren, 15 Minuten gehen lassen,
200 g getrocknete Aprikosen unter fließendem kaltem Wasser abspülen, trockentupfen, fein würfeln,
500 g Weizenmehl in eine Schüssel sieben, die angesetzte Hefe, die Aprikosenwürfel,
1 Päckchen Vanillin-Zucker
80 g weiche Butter
2 Eier
1 Teel. Salz hinzufügen, mit einem Handrührgerät mit Knethaken zunächst auf niedrigster, dann auf höchster Stufe gut durchkneten, in etwa 5 Minuten zu einem glatten Teig verarbeiten, etwa 50 g vom Teig beiseite stellen,
den Rest in 3 gleichgroße Stücke teilen, zu etwa 70 cm langen Strängen ausrollen, zu einem Zopf flechten, auf ein gefettetes Backblech legen, zu einem Kranz verbinden, den Teigrest dünn ausrollen, zu einer Schleife formen, auf die Verbindungsstelle legen, leicht andrücken, mit einem Küchentuch bedeckt noch etwa 20 Minuten gehen lassen, in den vorgeheizten Backofen schieben, in etwa 30 Minuten bei 180–200 (Gas: 3–4) goldbraun backen,

für die Glasur
100 g Sonnenblumenkerne in einer Pfanne ohne Fett rösten, abkühlen lassen, die Sonnenblumenkerne mit
1 Eßl. Honig
1 Eßl. Schlagsahne
50 g Butter in einem Topf aufkochen, bis die Masse hellbraun wird, den Kranz 10 Minuten vor Beendigung der Backzeit damit bestreichen, fertig backen, auskühlen lassen, mit
bunt gefärbten Eiern
Süßigkeiten dekorieren.
Veränderung: Anstatt des großen Nestes können kleine Nester gebacken werden, in die man jeweils ein bunt gefärbtes Ei setzt. Die kleinen Osternester sind eine hübsche Platzdekoration.

UNSER TIP

Künstlerischer wirken die Ostereier, wenn auf die Eier bevor sie in die Farbe gelegt werden, mit Hilfe von Tüll oder Stücken eines Nylonstrumpfes Blätter, Blüten oder Spitzen gebunden werden.

Gefüllte Halbmonde

Etwa 12 Stück

Für den Teig

300 g Weizenmehl in eine Schüssel sieben, mit
1 Päckchen Trocken-Backhefe sorgfältig vermischen,
50 g Zucker
1 Päckchen Vanillin-Zucker
3 Tropfen Backöl Zitrone
Salz
50 g zerlassene, lauwarme Butter oder Margarine
1 Ei
125 ml (1/8 l) lauwarme Milch hinzufügen, alles mit einem elektrischen Handrührgerät mit Knethaken zuerst auf der niedrigsten, dann auf der höchsten Stufe in etwa 5 Minuten zu einem Teig verarbeiten, sollte er kleben, noch etwas Mehl hinzufügen, aber nicht zuviel, der Teig muß weich bleiben, den Teig an einem warmen Ort so lange stehenlassen, bis er etwa doppelt so hoch ist, ihn dann auf der höchsten Stufe nochmals gut durchkneten, den Teig gut 1 cm dick ausrollen, mit einem Metallring (Durchmesser etwa 10 cm) so ausstechen, daß Halbmonde (etwa 12 Stück) entstehen, sie auf ein mit
Weizenmehl bestäubtes Backblech legen, nochmals so lange an einem warmen Ort stehenlassen, bis sie etwa doppelt so hoch sind, die Halbmonde schwimmend in siedendem
Ausbackfett (Speiseöl, Schweineschmalz oder Kokosfett) auf beiden Seiten hellbraun backen, mit einem Schaumlöffel herausnehmen, die Halbmonde auf einem Kuchenrost abtropfen und erkalten lassen,

für die Füllung aus
300 ml Milch
1 Packung Tortencremepulver Vanillegeschmack
100–200 g Butter oder Margarine bester Qualität eine Tortencreme nach der Vorschrift auf der Packung zubereiten, die Halbmonde jeweils an der äußeren Seite bis gut zur Mitte aufschneiden, die Creme hineinspritzen, das Gebäck mit
Puderzucker bestäuben.

Buntes Plundergebäck

Für den Teig

375 g Weizenmehl in eine Rührschüssel sieben, mit
1 Päckchen Trocken-Backhefe sorgfältig vermischen
50 g Zucker
1 Päckchen Vanillin-Zucker
Salz
1 Ei
50 g in Stücke geschnittene Butter
200 ml kalte Milch hinzufügen, alles mit einem Handrührgerät mit Knethaken zuerst auf niedrigster, dann auf höchster Stufe in etwa 5 Minuten zu einem Teig verarbeiten, 5 Minuten bei Zimmertemperatur ruhen lassen, den Teig zu einem Rechteck (25 x 40 cm) ausrollen,
150 g kalte Butter in Scheiben schneiden die Hälfte der Teigplatte damit belegen, die andere Teighälfte daraufklappen, mit der Teigrolle leicht andrücken, das Teigpaket mit der breiten Seite zur Tischkante legen, wieder zu einem Rechteck (25 x 40 cm) ausrollen, von den kürzeren Seiten her zur Mitte hin so zusammenklappen, daß die Teigkanten aneinanderstoßen, den Teig nochmals von der längeren Seite her so überschlagen, daß 4 Teiglagen entstehen, 15 Minuten in den Kühlschrank legen,
das Teigpaket mit der breiten Seite zur Tischkante legen, noch einmal ausrollen und zusammenschlagen, wie oben beschrieben, den Teig nochmals etwa 15 Minuten kühl stellen,

für die Füllung aus
1 Päckchen Puddingpulver Vanillegeschmack
25 g Zucker
250 ml (1/4 l) Milch einen Pudding mit den hier angegebenen Zutaten) zubereiten, kaltstellen, ab und zu durchrühren, den Teig zu einem Rechteck (48 x 18 cm) ausrollen, daraus Vierecke (8 x 9 cm) schneiden, auf ein Backblech legen, in die Mitte jeweils 2 Teel. von dem erkalteten Pudding geben, mit
Pfirsichspalten und
Kirschen garnieren, die Ecken der Teigstücke einschneiden, nochmals 15 Minuten bei Zimmertemperatur ruhen lassen, das Backblech in den vorgeheizten Backofen schieben.

Strom: 200–225
Heißluft: Etwa 180
Gas: Etwa 4
Backzeit: Etwa 15 Minuten

Für den Guß
100 g Puderzucker sieben, mit etwa
2 Eßl. Pfirsichsaft
2 Eßl. Pfirsichlikör glattrühren, so daß eine dünnflüssige Masse entsteht, das Gebäck sofort nach dem Backen (auch die Mitte) damit bestreichen.

UNSER TIP

Fruchtaromaliköre wie z. B. der Pfirsichlikör haben einen Alkoholgehalt von 32 %. Sie werden überwiegend aus frischen Früchten hergestellt.

UNSER TIP

Nach Belieben können die Halbmonde nach dem Füllen mit Obst, z. B. Mandarinenspalten, Ananasstücken, Erdbeerhälften oder Kirschen garniert werden.

UNSER TIP

Bei Plunderteig handelt es sich um eine Mischung von Hefeteig und Blätterteig. Wichtig ist, daß dieser Teig nach den einzelnen Arbeitsgängen jeweils 15 Minuten zum Ruhen in den Kühlschrank gestellt wird.

UNSER TIP

Der Schichtkuchen kann auch sehr gut als Kleingebäck serviert werden. Dafür wird der Kuchen nach dem Erkalten einmal längs durchgeschnitten und die beiden Stangen nochmals quer. Die vier Stangen werden nun ringsherum mit Kuvertüre überzogen. Nach dem Erkalten in Folie eingewickeln. Nach Bedarf werden die Stangen in dünne Scheiben geschnitten und serviert. Kühl aufbewahrt halten sich die eingewickelten Gebäckstangen bis zu 4 Wochen.

Gegrillter Schichtkuchen

Für den Teig

250 g Butter geschmeidig rühren, nach und nach

250 g Zucker
1 Päckchen Vanillin-Zucker
2 Eier
4 Eigelb
5–6 Eßl. Rum unterrühren,

150 g Weizenmehl mit

100 g Speisestärke
3 gestrichenen Teel. Backpulver mischen, sieben, eßlöffelweise unterrühren,

4 Eiweiß steif schlagen, zuletzt unter den Teig heben, den gefetteten Boden einer Kastenform (30 x 11 cm) mit Pergamentpapier auslegen, 1 gut gehäuften Eßl. Teig gleichmäßig mit einem Pinsel darauf streichen, die Form auf dem Rost in den Backofen schieben (Abstand zwischen Grill und Teigschicht etwa 20 cm), die Teigschicht unter dem vorgeheizten Grill hellbraun backen.

Grillzeit
Strom: Etwa 2 Minuten
Gas: Etwa 2 Minuten

Als zweite Schicht wieder 1-2 Eßl. Teig auf die gebackene Schicht streichen, die Form wieder unter den Grill schieben, auf diese Weise den ganzen Teig verarbeiten (die Einschubhöhe nach Möglichkeit so verändern, daß der Abstand von etwa 20 cm zwischen Grill und Teigschicht bestehen bleibt), anschließend den fertigen Kuchen mit einem Messer vorsichtig vom Rand der Form lösen, auf ein Backblech stürzen, das Papier abziehen, sofort noch etwa 5 Minuten in den heißen Backofen schieben, für den Guß

100 g Schokolade in kleine Stücke brechen, mit

25 g Kokosfett in einem kleinen Topf im Wasserbad zu einer geschmeidigen Masse verrühren, den erkalteten Kuchen damit überziehen.

UNSER TIP

Grillkuchen ist ein beliebtes Geschenk. Dem Anlaß entsprechend kann der Kuchen mit beliebigen Motiven oder Schriftzügen aus Puderzuckerguß verziert werden. In Zellophanpapier und mit Schleifenband verpackt wirkt er besonders attraktiv.

Sonntags-Napfkuchen

ohne Abbildung

150 g weiches Butterschmalz
200 g Zucker und
4 große Eier mit dem Handrührgerät mit Rührbesen geschmeidig rühren,
250 g Weizenmehl mit
80 g Speisestärke
1 Teel. Backpulver mischen, sieben,
1 Päckchen Orangenschalenaroma
4 Eßl. Orangensaft
4 Eßl. Rum nach und nach unterrühren, den Teig in eine gut gefettete Napfkuchenform mit einem Durchmesser von etwa 24 cm füllen, glattstreichen, die Form auf dem Rost auf die untere Schiene in den vorgeheizten Backofen schieben.

Strom: 175–200
Gas: 2–3
Backzeit: 50–60 Minuten. Den Kuchen sofort nach dem Backen stürzen, noch warm mit
gesiebtem Puderzucker bestäuben.

UNSER TIP

Um zu prüfen, ob der Kuchen gar ist, sticht man mit einem dünnen Holzstäbchen in den Kuchen. Bleibt beim Herausziehen Teig hängen, ist der Kuchen noch nicht gar. Erst wenn das Holzstäbchen ganz sauber herausgezogen wird, ist der Kuchen durchgebacken.

Kokoskranz

200 g Butter zerlassen
4 Eier mit dem Rührbesen eines elektrischen Handrührgerätes auf höchster Stufe 1 1/2–2 Minuten schlagen, eßlöffelweise
200 g Zucker mit
1 Päckchen Vanillin-Zucker unterschlagen,
100 g Weizenmehl
100 g Speisestärke
1 gestrichenen Teel. Backpulver mischen, sieben, eßlöffelweise unterrühren,
125 g Kokosraspeln hinzufügen, die heiße Butter vorsichtig unterrühren, den Teig in eine gefettete, mit
Weizenmehl ausgestreute Kranzform geben, glattstreichen, die Form auf dem Rost in den vorgeheizten Backofen schieben, den Kuchen nach dem Backen 5–10 Minuten ruhen lassen, damit er sich festigt, erst danach stürzen.

Strom: Etwa 175, Gas: Etwa 3
Backzeit: Etwa 55 Minuten. Den Kuchen sofort nach dem Stürzen aprikotieren, zum Aprikotieren
1 Eßl. Aprikosenkonfitüre durch ein Sieb streichen, mit
2 Eßl. Wasser zum Kochen bringen, den Kuchen damit bestreichen, mit
30–40 g Kokosraspeln ganz bestreuen.

UNSER TIP

Bienenstich eignet sich gut zum Einfrieren. Vor dem Verzehr das gefrorene Gebäck einige Minuten in den auf etwa 200 (Gas: 3–4) vorgeheizten Backofen setzen und aufbacken.

UNSER TIP

Nach dem Bestreichen der gebackenen Biskuitplatte mit Konfitüre muß das Gebäck sofort aufgerollt werden, denn je abgekühlter die Biskuitplatte ist, desto schneller kann sie beim Anrollen brechen.

Bienenstich

	Für den Teig
400 g fein gemahlenen Weizen	mit
100 g fein gemahlenem Dinkelweizen	in eine Rührschüssel geben, mit
1 Päckchen Trocken-Backhefe	sorgfältig vermischen,
75 g Honig	
1 Ei	
250 ml (1/4 l) lauwarme Milch	
100 g zerlassene, abgekühlte Butter oder Margarine	hinzufügen, die Zutaten mit einem Handrührgerät mit Knethaken in etwa 5 Minuten zu einem Teig verarbeiten, den Teig abgedeckt so lange an einem warmen Ort stehenlassen, bis er sich sichtbar vergrößert hat, für den Belag
100–125 g Butter	mit
100–125 g Honig	unter Rühren erhitzen,
200 g abgezogene, gehobelte Mandeln	mit
2 gehäuften Teel. fein gemahlenem Weizen	unterrühren, zum Kochen bringen, von der Kochstelle nehmen, abkühlen lassen, dabei ab und zu durchrühren, den gegangenen Teig aus der Schüssel nehmen, auf der Tischplatte nochmals gut durchkneten, auf einem gefetteten Backblech ausrollen, mehrmals mit einer Gabel einstechen, vor den Teig einen mehrfach umgeknickten Streifen Alufolie legen, den Belag gleichmäßig auf dem Teig verteilen, den Teig nochmals so lange an einem warmen Ort gehen lassen, bis er sich sichtbar vergrößert hat, das Backblech in den vorgeheizten Backofen schieben.
Strom:	Etwa 200, Gas: 3–4
Backzeit:	15–20 Minuten Für die Füllung aus
2 Päckchen Puddingpulver Vanillegeschmack	
75 g Zucker	
750 ml (3/4 l) Milch	nach Vorschrift (aber nur mit 3/4 l Milch) einen Pudding zubereiten, kalt stellen, ab und zu durchrühren,
250 g (1/4 l) Schlagsahne	1/2 Minute schlagen,
1 Päckchen Sahnesteif	einstreuen, die Sahne steif schlagen, vorsichtig unter den erkalteten Pudding rühren, das erkaltete Gebäck vierteln, jedes Stück waagerecht durchschneiden, mit der Creme füllen.

Biskuitrolle

Abbildung S. 8/9 und S. 24

3 Eier	
5–6 Eßl. heißes Wasser	mit einem Handrührgerät mit Rührbesen auf höchster Stufe in 1 Minute schaumig schlagen,
150 g Zucker	mit
1 Päckchen Vanillin-Zucker	mischen, in 1 Minute einstreuen, dann noch etwa 2 Minuten schlagen,
100 g Weizenmehl	mit
50 g Speisestärke	
1 gestrichenen Teel. Backpulver	mischen, die Hälfte davon auf die Eiercreme sieben, kurz auf niedrigster Stufe unterrühren, den Rest des Mehlgemisches auf dieselbe Weise unterarbeiten, den Teig etwa 1 cm dick auf ein gefettetes, mit Backpapier belegtes Backblech streichen, an der offenen Seite des Blechs das Papier unmittelbar vor dem Teig zur Falte knicken, so daß ein Rand entsteht, das Backblech in den vorgeheizten Backofen schieben.
Strom:	200–225
Gas:	Stufe 3–4
Backzeit:	10–15 Minuten Den Biskuit sofort nach dem Backen auf ein mit
Zucker	bestreutes Geschirrtuch stürzen, das Backpapier mit kaltem Wasser bestreichen, vorsichtig, aber schnell abziehen, den Biskuit sofort gleichmäßig mit
250–375 g Erdbeer-, Sauerkirsch- oder Johannisbeer-Konfitüre	bestreichen, von der kürzeren Seite her aufrollen, die Rolle mit
Puderzucker	bestäuben.

Bananen-Früchte-Riegel

ohne Abbildung

	Für die Füllung
6 entsteinte Backpflaumen	in
Wasser	einweichen
4 Feigen	waschen, abtrocknen, entstielen,
1 mittelgroße Banane	schälen, die drei Zutaten kleinschneiden, mit
1 Eßl. Kokosraspeln	
1 Eßl. Fruchtzucker	
1 Teel. Rum-Aroma	
1 Eßl. Zitronensaft	
1 Messerspitze gemahlenem Zimt	verrühren,
1 Eßl. Sonnenblumenkerne	
1 Eßl. grob gehackte Haselnußkerne	in einer Pfanne ohne Fett goldgelb rösten, mit
100 g Weizenvollkornmehl	
80 g Vollkorn-Haferflocken	
25 g Weizenkeimen	
1/2 Teel. Backpulver	vermengen,
150 g Joghurt	
90 g Fruchtzucker	
5 Eßl. Kondensmilch	verrühren, zu der Mehlmischung geben, zu einem Teig verarbeiten, ein Backblech mit Backpapier auslegen, die Hälfte des Teiges darauf messerrückendick 20 x 30 cm ausrollen, die Füllung auf den Teig streichen, die Masse mit dem restlichen, ausgerollten Teig bedecken, mit
2 Eßl. Kokosraspeln	bestreuen, das Backblech in den auf 175 (Gas: 3) vorgeheizten Backofen schieben und etwa 35 Minuten backen, das fertige Gebäck erkalten lassen, erst dann schneiden.

Apfelkuchen mit Mandeln

	Für den Teig
150 g Butter oder Margarine	mit einem Handrührgerät mit Rührbesen auf höchster Stufe in etwa 1/2 Minute geschmeidig rühren, nach und nach
125 g gesiebten Puderzucker	
Salz	unterrühren, so lange rühren, bis eine gebundene Masse entstanden ist,
abgeriebene Schale von 1 unbehandelten Zitrone	
1 1/2 Eßl. Portwein	
3 Eier	nach und nach unterrühren, jedes Ei etwa 1/2 Minute,
100 g Weizenmehl mit	
40 g Speisestärke	
1/2 Teel. Backpulver	mischen, sieben, eßlöffelweise auf mittlerer Stufe unterrühren, den Teig in eine gut gefettete Form (30 x 20 cm) geben, glattstreichen,
	für den Belag
1 kg mittelgroße Äpfel (z. B. Boskop)	schälen, das Kerngehäuse mit einem Apfelausstecher ausstechen, die Äpfel halbieren, die gewölbte Apfelhälfte mehrmals mit einem Messer einschneiden, die Apfelhälften in dem Saft von
1 Zitrone	schwenken, dicht nebeneinander in den Teig drücken, mit
50 g abgezogenen, gehobelten Mandeln	
25 g Hagelzucker	bestreuen, das Backblech in den vorgeheizten Backofen schieben.
Strom:	Etwa 175
Gas:	2–3
Backzeit:	45–50 Minuten
	Für die Glasur
125 g Aprikosenkonfitüre	durch ein Sieb streichen, mit
4 Eßl. Wasser	verrühren, zum Kochen bringen, 2–3 Minuten kochen lassen, den gebackenen Kuchen dünn mit der heißen Konfitüre bestreichen.

UNSER TIP

Der Boskop ist ein säuerlicher, mürber Apfel, der sich besonders gut zum Backen eignet. Diese winterfeste, gut lagerfähige Frucht wächst nur im gemäßigten Klima.

Kalifornische Rosinen-Pie

ohne Abbildung

	Für den Teig
180 g Weizenmehl	mit
1/4 Teel. Salz	in einer großen Schüssel vermengen,
6 Eßl. kalte Butter	in kleinen Stücken mit zwei Gabeln unter das Mehl mischen, zu Krümeln verarbeiten, nach und nach
2 Eßl. Eiswasser	hineingeben, unterrühren, bis der Teig zusammenhält, den Teig zu einer Kugel formen, flachdrücken und ausrollen, eine Pieform (Durchmesser 28–30 cm) mit dem Teig auslegen, den Teigboden mit einer Gabel einstechen, im vorgeheizten Backofen bei 200 (Gas: 3–4) in etwa 12 Minuten hellgelb backen, abkühlen lassen, für die Füllung
200 g ungeschwefelte Rosinen	mit
125 ml (1/8 l) Wasser	
100 g braunem Zucker	zum Kochen bringen, etwa 4 Eßl. davon abnehmen, etwas abkühlen lassen,
2 Eßl. Butter	
2 Eßl. Weizenmehl	unter die restlichen Rosinen rühren, unter ständigem Rühren zum Kochen bringen, bei schwacher Hitze weiterkochen, bis die Masse eingedickt ist,
abgeriebene Zitronenschale	
3 Eßl. Zitronensaft	
2 Eigelb	und die zurückgestellten Rosinen unter die Rosinenmasse rühren, abkühlen lassen, die vorgebackene Pie damit füllen, glattstreichen, für die Baiserhaube
2 Eiweiß	sehr steifschlagen, dabei nach und nach
100 g Zucker	unterschlagen, die sehr steife Masse gleichmäßig auf die Füllung streichen und die Pie bei 180 (Gas: 2–3) 15–20 Minuten backen.

Pfirsichschnitten

	Für den Teig
100 g Butter	geschmeidig rühren, nach und nach
150 g Zucker	
1 Päckchen Vanillin-Zucker	
4 Eier	
Salz	
5 Tropfen Backöl Zitrone	unterrühren
250 g Weizenmehl	mit
3 gestrichenen Teel. Backpulver	mischen, sieben, eßlöffelweise unterrühren, den Teig auf ein gefettetes Backblech geben, glattstreichen, vor den Teig ein mehrfach umgeknicktes Stück Alufolie legen,
	für den Belag
900 g gedünstete Pfirsiche	abtropfen lassen, in Scheiben schneiden, auf den Teig legen,
150 g Weizenmehl	in eine Schüssel sieben, mit
75 g Zucker	
1 Päckchen Vanillin-Zucker	mischen,
100 g Butter	in Flöckchen dazugeben, alle Zutaten mit den Händen oder mit 2 Gabeln zu Streuseln vermengen, auf die Pfirsiche verteilen, das Backblech in den vorgeheizten Backofen schieben.
Strom:	175–200
Gas:	3–4
Backzeit:	Etwa 25 Minuten
	Für den Guß
100 g Puderzucker	sieben, mit
2 Eßl. Zitronensaft	glattrühren, so daß eine dickflüssige Masse entsteht, sofort nach dem Backen den Guß mit einem Pinsel oder mit einem Teelöffel auf dem Gebäck verteilen, das erkaltete Gebäck in Schnitten von beliebiger Größe schneiden.

UNSER TIP

Portwein ist ein portugiesischer Likörwein aus dem gesetzlich abgegrenzten Gebiet des oberen Dourotals im Norden Portugals. Er eignet sich als Apéritif und Dessertwein und wird in den Geschmacksrichtungen von Extra trocken bis sehr süß angeboten.

UNSER TIP

Zu den Pfirsichschnitten kann steifgeschlagene Sahne gereicht werden, abgeschmeckt mit Bourbon-Vanillezucker und Pfirsichlikör.

Zitronensahnetorte

	Für den Teig
125 g Butter	mit einem Handrührgerät mit Rührbesen auf höchster Stufe in etwa 1/2 Minute geschmeidig rühren, nach und nach
125 g Zucker	
1 Päckchen Vanillin-Zucker	
Salz	unterrühren, bis eine gebundene Masse entstanden ist,
2 Eier	nach und nach unterrühren (jedes Ei etwa 1/2 Minute),
125 g Weizenmehl	mit
1 gestrichenen Teel. Backpulver	mischen, sieben, eßlöffelweise auf mittlerer Stufe unterrühren, den Teig in eine gefettete Springform (Durchmesser etwa 28 cm) füllen, glattstreichen, die Form auf dem Rost in den vorgeheizten Backofen schieben.
Strom:	175–200
Gas:	3–4
Backzeit:	25–30 Minuten Den erkalteten Tortenboden einmal durchschneiden,
	für die Füllung
2 Päckchen gemahlene weiße Gelatine	mit
6 Eßl. kaltem Wasser	in einem kleinen Topf anrühren, 10 Minuten zum Quellen stehenlassen,
2 Eigelb	mit
8 Eßl. Zitronensaft	
150 g Zucker	
1 Päckchen Vanillin-Zucker	cremig rühren,
500 g Magerquark	
500 g Sahnequark	
abgeriebene Schale von 1 unbehandelten Zitrone	unterrühren, die Gelatine unter Rühren erwärmen, bis sie gelöst ist, mit etwas von der Quarkmasse verrühren, unter die restliche Quarkmasse rühren,
500 ml (1/2 l) Schlagsahne	
2 Eiweiß	beide Zutaten steifschlagen, unter die Quarkmasse heben, um den unteren Tortenboden einen innen mit Pergamentpapier belegten Springformrand stellen, die Quarkmasse einfüllen, glattstreichen, den oberen Tortenboden in 16 Stücke schneiden, auf die Füllung legen, mit
Puderzucker	bestäuben, 2–3 Stunden kalt stellen, kalt servieren.

Wiener Schokoladentorte

ohne Abbildung

	Für den Teig
250 g zartbittere Schokolade	in Stücke brechen, in einem kleinen Topf im heißen Wasserbad geschmeidig rühren, etwas abkühlen lassen,
250 g weiche Butter	geschmeidig rühren, die aufgelöste Schokolade unterrühren, nach und nach 1/3 von
150 g Zucker	mit
5 Eigelb	
3 Eiern	unterrühren,
250 g gemahlene Mandeln (mit Schale)	
100 g Semmelmehl	
2 gestrichene Teel. Backpulver	mischen, sieben, eßlöffelweise unterrühren,
5 Eiweiß	steif schlagen, unter ständigem Schlagen nach und nach den restlichen Zucker hinzufügen, den Eierschnee auf die Teigmasse geben, vorsichtig unterheben, den Teig in eine gefettete Springform (Durchmesser etwa 28 cm) füllen, glattstreichen, backen.
Strom:	150–175, Gas: 2–3
Backzeit:	Etwa 70 Minuten Den Tortenboden erkalten lassen,
3 Eßl. Johannisbeergelee	mit
3 Eßl. Wasser	unter Rühren einige Minuten kochen lassen, Tortenoberfläche und -rand gleichmäßig damit bestreichen, für den Guß
100 g zartbittere Schokolade	mit
Kokosfett	in einem kleinen Topf im heißen Wasserbad geschmeidig rühren, die Torte gleichmäßig damit bestreichen, die noch feuchte Tortenoberfläche mit
gehobelter Schokolade	garnieren.

Käsetorte

	Für den Teig
150 g Weizenmehl	in eine Rührschüssel sieben,
40 g Zucker	
1 Päckchen Vanillin-Zucker	
100 g weiche Butter oder Margarine	hinzufügen, alle Zutaten mit einem Handrührgerät mit Knethaken zunächst kurz auf niedrigster, dann auf höchster Stufe gut durchkneten, anschließend auf der Tischplatte zu einem glatten Teig verkneten, sollte er kleben, eine Zeitlang kalt stellen, den Teig auf dem gefetteten Boden einer Springform (Durchmesser etwa 28 cm) ausrollen, den Springformrand innen mit Alufolie auslegen, um den Boden legen, für den Belag
250 g weiche Butter	geschmeidig rühren, nach und nach
200 g Zucker	
1 Päckchen Vanillin-Zucker	
7 Eigelb	
Salz	
abgeriebene Schale von einer unbehandelten Zitrone	
3 Eßl. Zitronensaft	unterrühren, nach und nach
1 kg Magerquark	mit
1 Päckchen Käsekuchen-Hilfe	unter den Teig rühren,
7 Eiweiß	unter den Teig rühren, steif schlagen, unter die Käsemasse heben, die Käsemasse auf den Teigboden verteilen, glattstreichen, die Form auf dem Rost in den vorgeheizten Backofen schieben.
Strom:	160–175
Gas:	Etwa 2
Backzeit:	70–80 Minuten

UNSER TIP

Die mit Puderzucker bestäubte Zitronensahnetorte kann nach Belieben mit Sahnetuffs bespritzt und mit Obst (Erdbeeren, Kiwischeiben, Kirschen) garniert werden.

UNSER TIP

Die gebackene Torte noch 30–45 Minuten im ausgeschalteten Backofen bei etwas geöffneter Backofentür stehenlassen, erst dann herausnehmen und in der Form erkalten lassen, damit das Gebäck nicht so stark einfällt.

Erdbeer-Sahne-Torte

Für den Teig

2 Eiweiß mit einem elektrischen Handrührgerät mit Rührbesen auf höchster Stufe steif schlagen, nach und nach

2 gehäufte Eßl. Zucker unterschlagen,

2 Eigelb verschlagen, unter die Eiweißmasse ziehen,

2 gehäufte Eßl. Weizenmehl darauf sieben, zusammen mit

2 gehäuften Eßl. abgezogenen, gemahlenen Mandeln unterheben, den Teig in eine gefettete, mit Pergamentpapier ausgelegte Springform mit einem Durchmesser von etwa 28 cm füllen, glattstreichen, die Form auf dem Rost in den vorgeheizten Backofen schieben.

Strom: 175–200, Gas: 3–4

Backzeit: Etwa 14 Minuten

Den gebackenen Tortenboden sofort aus der Form lösen, auf einen Kuchenrost stürzen, das Pergamentpapier abziehen, den Boden erkalten lassen,

für den Belag

1 Päckchen Gelatine, gemahlen, weiß mit

3 Eßl. kaltem Wasser anrühren, 10 Minuten quellen lassen,

300 g Erdbeeren putzen, entstielen, pürieren,

75 g Zucker

1 Päckchen Vanillin-Zucker

1 Eßl. Zitronensaft unterrühren, die Gelatine unter Rühren erwärmen, bis sie gelöst ist, unter das Erdbeerpüree rühren, wenn die Masse beginnt, dicklich zu werden,

375 g (3/8 l) Schlagsahne steif schlagen, unterheben, den erkalteten Tortenboden auf eine Tortenplatte legen, den mit Papier ausgelegten Springformrand darumstellen, die Erdbeersahne auf den Tortenboden geben, glattstreichen, den Boden kalt stellen,

700 g Erdbeeren putzen, entstielen, halbieren, mit

Zucker bestreuen, einige Zeit durchziehen lassen, auf ein Sieb geben, den Saft auffangen, die Erdbeeren schuppenförmig auf der Erdbeersahne anrichten, den Erdbeersaft mit Wasser auf 250 ml (1/4 l) Flüssigkeit auffüllen, aus

1 Päckchen Tortenguß, rot

2 gestrichenen Eßl. Zucker

250 ml Erdbeersaft nach der Vorschrift auf dem Päckchen einen Tortenguß zubereiten, die Erdbeeren mit dem Guß bestreichen,

250 ml (1/4 l) Schlagsahne 1/2 Minute schlagen,

1 Päckchen Sahnesteif

1 Päckchen Vanillin-Zucker einstreuen, die Sahne steif schlagen, in einen Spritzbeutel mit gezackter Tülle füllen und den Tortenrand garnieren.

UNSER TIP

Der Tortenguß sollte vor dem Auftragen auf die Erdbeer-Sahne-Torte unter Rühren etwas abkühlen (dickflüssig werden), damit er an der Tortenoberfläche bleibt und nicht zu tief einzieht.

UNSER TIP

Rhabarber-Kuchen sollte möglichst immer erst am Tage des Verzehrs gebacken werden, da Rhabarber viel Flüssigkeit zieht und der Kuchen bei längerem Stehen durchweichen könnte.

Rhabarberkuchen

125 g Butter	mit
75 g Zucker	
1 Päckchen Vanillin-Zucker	geschmeidig rühren,
1 Ei	
abgeriebene Schale von 1/2 unbehandelten Zitrone	unterrühren,
125 g Weizenmehl	mit
1 Teel. Backpulver	mischen, sieben, zusammen mit
100 g abgezogenen, gemahlenen Mandeln	eßlöffelweise unterrühren, den Teig in eine gut gefettete Pie-Form (Durchmesser 28 cm) oder Springform (Durchmesser etwa 28 cm) füllen, glattstreichen,
500–700 g geputzten Rhabarber	waschen, in kleine Stücke schneiden, auf dem Teig verteilen, die Form auf dem Rost in den vorgeheizten Backofen schieben.
Strom:	175–200, Gas: 3–4
Backzeit:	60–65 Minuten
	für den Guß
3 Eigelb	mit
75 g Zucker	cremig schlagen,
1/2 Teel. gemahlenen Zimt	mit
1 Becher (150 g) Crème fraîche	unterrühren,
2 Eiweiß	steif schlagen, unterheben, den Kuchen nach etwa 45 Minuten Backzeit mit dem Guß bestreichen.

Sandkuchen

ohne Abbildung

300 g weiche Butter	geschmeidig rühren, nach und nach in 5–6 Minuten
280 g gesiebten Puderzucker	
4 Eigelb	
Salz	
Mark von 1 Vanillestange	
2 Eßl. Rum	unterrühren, mit
280 g Speisestärke	
1 Messerspitze Backpulver	mischen, sieben, eßlöffelweise unterrühren
4 Eiweiß	steifschlagen, unterheben
	den Teig in eine gut gefettete, mit
Weizenmehl	bestäubte Kastenform (30 x 11 cm) füllen, glattstreichen
	die Form auf dem Rost in den vorgeheizten Backofen schieben.
Strom:	160–180,
Gas:	Etwa 2
Backzeit:	70–80 Minuten.
	Den gebackenen Kuchen in der Form erkalten lassen.

Erdbeertorte »Lukull«

Für den Teig

2 Eier
2–3 Eßl. heißes Wasser mit einem Handrührgerät mit Rührbesen auf höchster Stufe in 1 Minute schaumig schlagen,
100 g Zucker mit
1 Päckchen Vanillin-Zucker mischen, in 1 Minute unter Rühren einstreuen, dann noch etwa 2 Minuten schlagen,
75 g Weizenmehl mit
50 g Speisestärke
1 gestrichenen Teel. Backpulver mischen, die Hälfte davon auf die Eiercreme sieben, kurz auf niedrigster Stufe unterrühren, den Rest des Mehlgemisches auf die gleiche Weise unterarbeiten, den Teig in eine gefettete, mit Backpapier ausgelegte Springform (Ø 28 cm) füllen, die Form auf dem Rost in den vorgeheizten Backofen schieben.

Strom: 175–200
Gas: 3–4
Backzeit: 20–30 Minuten

Den Tortenboden aus der Form nehmen, erkalten lassen,

Für die Füllung aus

1 Päckchen Soßenpulver Vanillegeschmack
25 g Zucker
250 ml (1/4 l) Milch nach Vorschrift auf dem Päckchen (aber nur mit knapp 1/4 l Milch) einen Pudding zubereiten, kalt stellen, ab und zu durchrühren,
500 g Erdbeeren waschen, gut abtropfen lassen, entstielen,
500 g Schlagsahne 1/2 Minute schlagen,
50 g Puderzucker sieben, mit
1 Päckchen Vanillin-Zucker
1 Päckchen Sahnesteif mischen, einstreuen, die Sahne steif schlagen, den Tortenboden einmal durchschneiden, den unteren Boden mit dem Pudding bestreichen, mit den Erdbeeren belegen, 3/4 der Sahne gleichmäßig darübergeben, den oberen Boden darauflegen, gut andrücken, Rand und obere Seite der Torte gleichmäßig mit etwas von der zurückgelassenen Sahne bestreichen, die Torte mit der restlichen Sahne verzieren, mit
halbierten Erdbeeren
gebräunten Spaltmandeln garnieren.

Birnenkuchen mit Preiselbeerguß

ohne Abbildung

Für den Teig

250 g Weizenmehl auf die Arbeitsfläche sieben, in die Mitte des Mehls eine Vertiefung eindrücken,
65 g Zucker, 1 Ei, Salz in die Vertiefung geben,
125 g kalte Butter in Flöcken hinzufügen, die Zutaten schnell zu einem geschmeidigen Teig auslegen, den Teig am Springformrand etwa 4 cm hochdrücken, den Teigboden mehrmals mit einer Gabel einstechen, etwa 30 Minuten kühl stellen, dann auf dem Rost in den auf 200 (Gas: 3–4) vorgeheizten Backofen schieben und etwa 15 Minuten backen,

für den Belag

700 g Birnen schälen, halbieren, entkernen, in dünne Scheiben schneiden und schuppenförmig auf dem Kuchenboden anrichten, mit
Zitronensaft beträufeln,
3 Eier trennen, das Eiweiß steif schlagen,
1 Banane schälen, zerdrücken, mit den 3 Eidottern,
200 ml Kaffeesahne (12 % Fett)
100 g Preiselbeerkompott
abgeriebener Schale von 1 unbehandelten Zitrone
1 Eßl. Vanillin-Zucker verrühren, den Eierschnee auf die Masse geben,
30 g Speisestärke darübersieben, vorsichtig unterrühren, die Masse auf die Birnen streichen, die Form auf dem Rost in den auf etwa 175 (Gas: 2–3) vorgeheizten Backofen schieben und etwa 55 Minuten backen, den gebackenen Kuchen mit
1 Eßl. gehackten Pistazienkernen bestreuen.

Erdbeertorte

Für den Teig

75 g weiche Margarine oder Butter mit einem Handrührgerät mit Rührbesen auf höchster Stufe in etwa 1/2 Minute geschmeidig rühren, nach und nach
75 g Zucker
1 Päckchen Vanillin-Zucker
Salz unterrühren, so lange rühren, bis eine gebundene Masse entstanden ist,
2 Eier nach und nach unterrühren, jedes Ei etwa 1/2 Minute,
125 g Weizenmehl mit
1 gestrichenen Teel. Backpulver mischen, sieben, nach und nach mit
1 Eßl. Milch auf mittlerer Stufe unterrühren, den Teig in eine gefettete Tortenbodenform (Durchmesser 28 cm) oder in gefettete Tortelettförmchen füllen, glattstreichen, die Form bzw. Förmchen auf dem Rost in den vorgeheizten Backofen schieben.

Strom: 175–200
Gas: 3–4
Backzeit: 20–25 Minuten

Für den Belag

1 kg Erdbeeren waschen, gut abtropfen lassen, entstielen, verlesen oder schälen, eventuell in Scheiben schneiden, mit
Zucker bestreuen, kurze Zeit stehenlassen,

für den Tortenguß

1 Päckchen Tortenguß
Zucker nach Angabe auf dem Päckchen
250 ml (1/4 l) Wasser oder Fruchtsaft nach Vorschrift auf dem Päckchen zubereiten, auf die Erdbeeren geben. Die Torte vor dem Servieren mit
Schlagsahne verzieren.

UNSER TIP

Zum Bräunen die Spaltmandeln gleichmäßig auf einem Backblech verteilen und bei 200 Grad (Gas: 4) 5–10 Minuten rösten lassen. Zwischendurch mehrmals wenden.

UNSER TIP

Die mit Sahnetuffs garnierte Torte kann nach Belieben mit gehackten Pistazienkernen bestreut oder mit Schokoladenblättern garniert werden.

UNSER TIP

In Frankreich wird die französische Schokoladentorte mit Cognac getränkt. Cognac wird ausschließlich aus Weinen der Charente gebraut. Cognac hat einen Mindestalkoholgehalt von 40 %.

Französische Schokoladentorte

	Für den Teig
250 g weiche Margarine oder Butter	mit einem Handrührgerät mit Rührbesen auf höchster Stufe in etwa 1/2 Minute geschmeidig rühren, nach und nach
250 g Zucker **1 Päckchen Vanillin-Zucker** **Salz**	unterrühren, so lange rühren, bis eine gebundene Masse entstanden ist,
6 Eier	nach und nach unterrühren (jedes Ei etwa 1/2 Minute)
250 g Weizenmehl	mit
2 gestrichenen Teel. Backpulver	mischen, sieben, eßlöffelweise auf mittlerer Stufe unterrühren,
250 g Zartbitter-Schokolade	reiben, mit
100 g abgezogenen, gemahlenen Mandeln	auf mittlerer Stufe unter den Teig rühren, ihn in eine Springform (Ø etwa 28 cm, Boden gefettet) füllen, die Form auf dem Rost in den vorgeheizten Backofen schieben.
Strom:	175–200
Gas:	3–4
Backzeit:	Etwa 1 Stunde Die Torte sofort nach dem Stürzen mit
250 ml (1/4 l) Weinbrand oder Rum	tränken,
	zum Aprikotieren
2 Eßl. durch ein Sieb gestrichene Aprikosenkonfitüre	mit
1 Eßl. Wasser	unter Rühren aufkochen lassen, das Gebäck sofort nach dem Backen damit bestreichen, gut auskühlen lassen,
	für den Guß
100 g Zartbitter-Schokolade	in kleine Stücke brechen, mit
etwas Kokosfett	in einem kleinen Topf im Wasserbad bei schwacher Hitze zu einer geschmeidigen Masse verrühren, das erkaltete Gebäck damit überziehen, mit
gehackten Pistazienkernen oder abgezogenen, gehackten Mandeln oder Krokant oder kandierten Blüten	garnieren.
Beigabe:	Schlagsahne und gut abgetropfte Rumfrüchte oder Weinbrandkirschen.

Schwäbischer Apfelkuchen

	Für den Teig
125 g Butter oder Margarine	mit einem Handrührgerät mit Rührbesen auf höchster Stufe in etwa 1/2 Minute geschmeidig rühren, nach und nach
125 g Zucker **1 Päckchen Vanillin-Zucker** **1 Eßl. abgeriebene Schale von 1 unbehandelten Zitrone** **1 Messerspitze Salz**	unterrühren, so lange rühren, bis eine gebundene Masse entstanden ist,
3 Eier	nach und nach unterrühren (jedes Ei 1/2 Minute),
300 g Weizenmehl	mit
1 Päckchen Backpulver	mischen, sieben, auf mittlerer Stufe unterrühren, 2/3 des Teiges in eine gefettete Springform (Ø 28 cm) geben, glattstreichen,
4–5 mittelgroße Äpfel (etwa 1 kg)	schälen, vierteln, entkernen, in dünne Scheiben schneiden, mit
Zitronensaft	beträufeln, mit
50 g Zucker **1 Teel. gemahlenem Zimt**	verrühren, etwa 10 Minuten durchziehen lassen, mit
1 Päckchen Rum-Rosinen	vermengen, auf dem Teigboden verteilen,
	den restlichen Teig mit
100 g Weizenmehl	verkneten, zu einer Platte in der Größe des Springformbodens ausrollen, auf die Apfelfüllung legen, etwas andrücken, die Teigoberfläche mehrmals mit einer Gabel einstechen,
1 Eigelb	mit
1 Eßl. Milch	verschlagen, die Teigoberfläche damit bestreichen, die Form in den Backofen setzen.
Strom:	175–200
Gas:	3–4
Garzeit:	50–60 Minuten
	Den gebackenen Kuchen erkalten lassen, mit
geschlagener, gesüßter Sahne	servieren, nach Belieben
Vanilleeis	dazureichen.

UNSER TIP

Zimt wird aus der Rinde verschiedener Arten des immergrünen Zimtbaumes hergestellt. Im Handel erhältlich ist Stangenzimt und Zimtpulver. Zimt sollte, genau wie Vanille, nur in Verbindung mit Zucker genossen werden. Nur so entfalten diese Gewürze ihr volles Aroma.

UNSER TIP

Die Pistazien-Marzipanherzen vorsichtig in eine gekaufte herzförmige Schachtel mit Papierspitze schichten, zwischen jede Schicht Klarsicht- oder Alufolie legen, mit dem Deckel verschließen, mit farblich passenden Bändchen dekorieren. Oder Kartons mit Dekorationspapier bekleben, je nach Geschenkanlaß mit Glimmerherzchen oder Aufklebern versehen, die Pralinen hineingeben, den Karton verschließen und großzügig mit Schleifenband zubinden, kühl aufbewahren.

UNSER TIP

Petits Fours sind feine kleine Gebäckstücke. Sie werden verschieden gefüllt und mit farbiger Glasur überzogen und attraktiv verziert. Gereicht werden sie gerne zum Mokka als Abschluß eines besonderen Menüs.

Pistazien-Marzipanherzen

40–50 Stücke

200 g Marzipanrohmasse	mit
100 g gesiebtem Puderzucker	
50 g gemahlenen Pistazienkernen	
1 Eßl. Kirschlikör	verkneten, die Masse auf
gesiebtem Puderzucker	etwa 1 cm dick ausrollen, mit einem Garnierausstecher in Herzform Herzen ausstechen, die Marzipanherzen vorsichtig aus der Form drücken, an der Form haftende Marzipanreste entfernen, die Herzform vor jedem Ausstechen in gesiebten Puderzucker tauchen, die Marzipanherzen mit Alufolie abgedeckt 1–2 Stunden kühl stellen,
150–200 g halbbittere Kuvertüre	in einem kleinen Topf im Wasserbad geschmeidig rühren, die Herzen einzeln in die Kuvertüre tauchen, auf einer schmalzinkigen Gabel herausheben, die Kuvertüre am Topfrand gut abstreifen, die Herzen auf Pergamentpapier setzen, mit
Pistazienkernen	garnieren, den Guß fest werden lassen, die Pistazien-Marzipanherzen in gut schließenden Dosen kühl aufbewahren.

Petits Fours

	Für den Teig
6 Eier	mit einem Handrührgerät mit Rührbesen auf höchster Stufe in 1 Minute schaumig schlagen,
180 g Zucker	in 1 Minute einstreuen,
1 Teel. Honig	hinzufügen, noch etwa 2 Minuten schlagen,
100 g Weizenmehl	auf die Eiercreme sieben, kurz auf niedrigster Stufe unterrühren, die Hälfte des Teiges auf ein gefettetes, mit Pergamentpapier belegtes Backblech streichen, an der offenen Seite des Blechs das Papier unmittelbar vor dem Teig zur Falte knicken, so daß ein Rand entsteht, das Backblech in den vorgeheizten Backofen schieben.
Strom:	Etwa 200, Gas: Etwa 4
Backzeit:	Etwa 10 Minuten
	Den Biskuit nach dem Backen sofort auf ein Geschirrtuch stürzen, das Backpapier mit kaltem Wasser bestreichen, vorsichtig, aber schnell abziehen, erkalten lassen, mit der restlichen Teighälfte genauso verfahren, eine Gebäckplatte mit
5 Eßl. Aprikosenkonfitüre	bestreichen, mit der zweiten Gebäckplatte bedecken, diese mit
5 Eßl. Himbeerkonfitüre	bestreichen,
200 g Marzipanrohmasse	mit
100 g Puderzucker	verkneten, die Masse in der Größe der Gebäckplatte ausrollen und darauflegen, beliebige Motive wie Dreiecke, Ovale, Kreise oder Halbmonde ausschneiden,
	für den Guß
50 g Puderzucker	sieben, mit
5–6 Eßl. Wasser	verrühren, nach Belieben den Guß mit
Lebensmittelfarben	zart einfärben, die Petits Fours damit beziehen, die Petits Fours nach Belieben mit
Plätzchenschmuck	
Schokoladenstreuseln	garnieren.

Orangenplätzchen

ohne Abbildung

	Für den Teig
175 g Butter	geschmeidig rühren, nach und nach
100 g Zucker	
1 Päckchen Vanillin-Zucker	
1 Ei	
1 Fläschchen Backöl Zitrone	unterrühren
300 g Weizenmehl	sieben, 2/3 davon eßlöffelweise unterrühren, den Rest des Mehls mit dem Teigbrei zu einem glatten Teig verkneten, der eine Zeitlang kaltgestellt werden sollte, wenn er klebt, den Teig knapp 1/2 cm dick ausrollen, mit einer runden Form (Durchmesser etwa 4 cm) ausstechen, auf ein gefettetes Backblech legen, in den vorgeheizten Backofen schieben.
Strom:	175–200, Gas: 3–4
Backzeit:	10–15 Minuten
	Für den Guß
175 g Puderzucker	sieben, mit
4–5 Eßl. Orangenlikör oder Zitronensaft	glattrühren, so daß eine dickflüssige Masse entsteht, die erkalteten Plätzchen damit bestreichen,
kandierte Orangenscheiben	in Stücke schneiden, die Plätzchen damit garnieren.

Sherry-Marzipan-Pralinen

Etwa 40 Stück, ohne Abbildung

200 g Marzipanrohmasse	mit
30 g gesiebtem Puderzucker	verkneten,
2 Eßl. Cream Sherry	unterkneten, die Marzipanmasse mit einem Teigroller 1–1 1/2 cm dick ausrollen und mit einem ovalen Ausstechförmchen Pralinen ausstechen, die Sherry-Marzipan-Pralinen etwa 1 Stunde trocknen lassen,
etwa 150 g halbbittere Kuvertüre	in einem kleinen Topf im heißen Wasserbad zu einer geschmeidigen Masse verrühren, die Pralinen mit einer Gabel aufspießen und in die Kuvertüre tauchen, zum Trocknen auf Pergamentpapier setzen, mit
gerösteten Mandelstiften	belegen.

Krokant-Orange-Pralinen

Etwa 30 Stück, ohne Abbildung

15 g Orangeat	sehr fein hacken, in
1–2 Eßl. Cream Sherry	geben, einige Zeit darin ziehen lassen,
200 g Marzipan-Rohmasse	mit
50 g feingestoßenem Krokant	und dem Orangeat mit dem Sherry verkneten, die Masse dick ausrollen und in etwa 2 x 2 cm große Würfel schneiden,
etwa 150 g dunkle Kuvertüre	in einem kleinen Topf im heißen Wasserbad auflösen, die Pralinen damit überziehen, zur Dekoration die Zinken einer Gabel diagonal über die Pralinen-Oberfläche ziehen, so daß ein Muster entsteht, die Pralinen fest werden lassen, in Gläser oder Dosen schichten.

Nuß-Nougat-Pralinen

Etwa 55 Stück, ohne Abbildung

Etwa 125 g dunkle Kuvertüre	in einem kleinen Topf im heißen Wasserbad flüssig werden lassen und mit einem Spritzbeutel etwa 55 markstückgroße Taler auf Pergamentpapier spritzen, fest werden lassen,
300 g Nuß-Nougat-Masse	in einem kleinen Topf im heißen Wasserbad geschmeidig rühren,
75 g helle Kuvertüre	auflösen, unter die Nuß-Nougatmasse rühren, aus dem Wasserbad nehmen und so lange in den Kühlschrank stellen, bis die Masse spritzfähig ist, die Masse in einen Spritzbeutel mit mittelgroßer Sterntülle füllen und auf jeden Schokoladentaler einen Tupfer spritzen, die Pralinen fest werden lassen,
etwa 250 g helle Kuvertüre	in einem kleinen Topf im heißen Wasserbad geschmeidig rühren, die Nuß-Nougat-Pralinen damit überziehen.

Raspelkuchen

	Für den Belag
150 g Butter	zerlassen, nach und nach
200 g Zucker	
1 Päckchen Vanillin-Zucker	
2 Eßl. Milch	unterrühren,
200 g Kokosraspeln	unterrühren, abkühlen lassen, für den Teig
150 g Speisequark	mit
6 Eßl. Milch	
6 Eßl. Speiseöl	
75 g Zucker	
1 Päckchen Vanillin-Zucker	verrühren,
300 g Weizenmehl	mit
1 Päckchen Backpulver	mischen, sieben, die Hälfte davon unterrühren, den Rest des Mehls unterkneten, den Teig knapp 1/2 cm dick auf einem gefetteten Backblech ausrollen, mit
Milch	bestreichen, die Kokosmasse gleichmäßig auf dem Teig verteilen, vor den Teig ein mehrfach umgeknicktes Stück Alufolie legen, das Backblech in den vorgeheizten Backofen schieben, backen.
Strom:	175–200, Gas: 3–4
Backzeit:	Etwa 20 Minuten

Friesenkeks, hell oder dunkel

ohne Abbildung

	Für den hellen Teig
250 g Weizenmehl	mit
1 gestrichenem Teel. Backpulver	mischen, in eine Rührschüssel sieben,
100 g Zucker	
1 Päckchen Vanillin-Zucker	
1 Fläschchen Rum-Aroma	
2 Eßl. Wasser	
100 g weiche Butter	hinzufügen, mit einem Handrührgerät mit Knethaken gut durcharbeiten, anschließend auf der Tischplatte zu einem glatten Teig verkneten,
oder	für den dunklen Teig
250 g Weizenmehl	mit
30 g Kakao	
1 gestrichenem Teel. Backpulver	mischen, in eine Rührschüssel sieben,
100 g Zucker	
1 Päckchen Vanillin-Zucker	
1 Fläschchen Rum-Aroma	
3 Eßl. Wasser	
125 g weiche Butter	hinzufügen, mit einem Handrührgerät mit Knethaken gut durcharbeiten, anschließend auf der Tischplatte zu einem glatten Teig verkneten, aus den Teigen je 2–3 etwa 3 cm dicke Rollen formen, in
grobem Zucker	wälzen, so lange kalt stellen, bis sie hart geworden sind, in 1/2 cm dicke Scheiben schneiden, die obere Seite in groben Zucker drücken, auf ein gefettetes Backblech legen, in den vorgeheizten Backofen schieben.
Strom:	175–200
Gas:	3–4
Backzeit:	Etwa 10 Minuten

Venezia-Kekse

Etwa 60 Stück

500 g Weizenmehl	mit
2 gestrichenen Teel. Backpulver	mischen, auf die Tischplatte sieben, in die Mitte des Mehls eine Vertiefung eindrücken,
150 g gesiebten Puderzucker	
1 Päckchen Vanillin-Zucker	
Salz	
1 großes Ei	(2 Teel. Eiweiß zurücklassen) hineingeben, mit einem Teil des Mehls zu einem dicken Brei verarbeiten,
350 g kalte Butter	in Stücke schneiden, auf den Brei geben, mit Mehl bedecken, von der Mitte aus alle Zutaten schnell zu einem glatten Teig verkneten, den Teig halbieren, unter die eine Teighälfte
abgeriebene Schale von 1/2 unbehandelten Orange	
50 g feingehacktes Orangeat	kneten, unter die andere Teighälfte
1 Eßl. Rum	
100 g Schokoladenblättchen	kneten, aus jedem Teigstück 4 Stangen von etwa 32 cm Länge rollen, eine Seite jeder Teigstange so abflachen, daß ein Dreieck entsteht, mit der zurückgelassenen, verschlagenen Eimasse bestreichen, nun jeweils eine Orangen- und eine Schokoladenstange so zusammensetzen, daß jeweils eine rechteckige Stange entsteht, die Teigrechtecke mit Folie abgedeckt über Nacht kalt stellen, die rechteckigen Stangen in knapp 1/2 cm dicke Scheiben schneiden, auf ein mit Backtrennpapier belegtes Backblech legen, in den vorgeheizten Backofen schieben.
Strom:	Etwa 200
Gas:	3–4
Backzeit:	Etwa 12 Minuten

UNSER TIP

Nüsse und Mandeln machen Kuchen saftig und aromatisch. Am besten halten sich die Kerne in der unversehrten Schale. Wer sie trotzdem lieber zerkleinert auf Vorrat kauft, sollte sie unbedingt gut verpackt im Kühlschrank aufheben, damit sie nicht bitter und ranzig werden. Das gleiche gilt für Kokosraspeln.

UNSER TIP

Für die Venezia-Kekse kann anstelle der unbehandelten Orangenschale auch im Handel erhältliches Orangenkonzentrat verwendet werden.

heißt in erster Linie „backen mit Obst". Ein überreiches Angebot an Beerenfrüchten und Steinobst-Sorten lädt förmlich ein zum Backen bunter Obsttorten und -törtchen, gefüllter Baisers, und als „high lights" schmücken jetzt Obstsahne- und Obst-Joghurt-Torten die Kaffeetafel. Sommerlich, leicht, erfrischend und sooo köstlich.

Amerikanische Erdnuß-Pie

Ohne Abbildung, etwa 8 Stücke

1 kg gemischtes Obst (z.B. Birnen, Zwetschen, Weintrauben, Pfirsiche, Nektarinen, Aprikosen)	waschen, entsteinen bzw. entkernen, kleinschneiden, in eine gefettete Pie-Form legen,
50 g Suppenmakronen	zerkrümeln, mit
150 g Erdnußkernen **60 g Zucker**	vermengen, über das Obst streuen,
1 Eßl. Orangenlikör	darüber träufeln,
2 tiefgekühlte, aufgetaute Blätterteigplatten	auf
etwas Weizenmehl	ausrollen, und zwar etwas größer als die Pie-Form, die Platte auf das Obst legen, in der Mitte ein Loch ausstechen, die überstehenden Teigränder wegschneiden,
1 Eigelb	mit
1 Eßl. Milch	verschlagen, die Teigplatte damit bestreichen,
100 g halbierte Erdnußkerne	darüber streuen, etwas andrücken, die Form auf dem Rost in den auf etwa 200 (Gas: 3–4) vorgeheizten Backofen schieben und etwa 40 Minuten backen.

Quarkschaumtorte

12–16 Stücke

175 g weiche Butter	mit einem Handrührgerät mit Rührbesen auf höchster Stufe 1/2 Minute geschmeidig rühren, nach und nach
150 g Zucker **abgeriebene Schale von 1 unbehandelten Zitrone** **2–3 Eßl. Zitronensaft**	so lange verrühren, bis eine gebundene Masse entstanden ist,
7 Eier	nach und nach unterrühren, jedes Ei etwa 1/2 Minute,
750 g Magerquark	mit
75 g Grieß	eßlöffelweise auf mittlerer Stufe unterrühren, den Teig in eine gefettete Springform (Durchmesser 28 cm) füllen, glattstreichen, die Form auf dem Rost in den vorgeheizten Backofen schieben.
Strom:	Etwa 175
Gas:	2–3
Backzeit:	Etwa 70 Minuten. Die gebackene Torte noch etwa 30 Minuten im Backofen bei etwas geöffneter Backofentür ruhen lassen, erst dann herausnehmen, in der Form erkalten lassen.

Blechkuchen mit Beeren

Abbildung S. 40/41

	Für den Rührteig
180 g Butterschmalz	mit Handrührgerät mit Rührbesen auf höchster Stufe geschmeidig rühren, nach und nach
140 g Zucker **1 Päckchen Vanillin-Zucker** **1 Prise Salz**	unterrühren, so lange rühren, bis eine gebundene Masse enstanden ist
3 große Eier	nach und nach unterrühren (jedes Ei etwa 1/2 Minute)
200 g Weizenmehl	mit
2 gestrichenen Teel. Backpulver	mischen, sieben, auf mittlerer Sufe unterrühren, den Teig auf ein gefettetes Backblech streichen, in den vorgeheizten Backofen schieben.
Strom:	etwa 180
Backzeit:	etwa 15–20 Minuten.
	Für den Belag
500 g vorbereitete Himbeeren **500 g vorbereitete Brombeeren** **250 g vorbereitete Erdbeeren**	abwechselnd in Längsstreifen auf den Kuchenboden legen, mit
75 g Puderzucker	bestreuen
2 Päckchen Tortenguß, rot **40 g Zucker** **500 ml (1/2 l) Saft**	nach Angabe auf dem Päckchen zubereiten, über die Beeren verteilen
100 g gehobelte Haselnußkerne	in
10 g Butterschmalz	anbräunen und über den Kuchen streuen.

Quark-Stachelbeer-Kuchen

	Für den Teig
100 g Sesamsaat	unter Rühren, ohne Fett in der Pfanne rösten, kalt stellen,
100 g Weizenvollkornmehl	in eine Rührschüssel geben,
100 g Dinkelmehl **Meersalz** **1/2 Teel. Bourbonvanille** **60 g weiche Butter** **3 Eßl. Milch** **100 g flüssigen Honig**	mit einem Handrührgerät mit Knethaken auf niedrigster Stufe zu einer krümeligen Masse verarbeiten, von der Krümelmasse 3 Eßl. abnehmen, mit
3 Eßl. Sesamsaat	mischen, den restlichen Teig in eine gefettete Form (Ø etwa 26 cm) geben, leicht andrücken,
	für die Füllung
250 g Magerquark **1 Ei** **120 g flüssigen Honig** **2 Eßl. Milch** **abgeriebene Schale von 1 unbehandelten Zitrone** **1 Eßl. Zitronensaft**	mit einem Handrührgerät auf mittlerer Stufe cremig rühren, auf den Teig streichen,
400 g gedünstete Stachelbeeren	kranzförmig auf dem Guß verteilen, in die Mitte
150 g Heidelbeeren (aus dem Glas)	geben, mit den Sesamstreuseln bestreuen, die Form auf dem Rost in den vorgeheizten Backofen schieben.
Strom:	200–225
Gas:	3–4
Backzeit:	40–50 Minuten

UNSER TIP

Butter wird aus Milch, Sahne (Rahm) süß oder gesäuert hergestellt. Sie muß mindestens 82 % Milchfett und darf höchstens 16 % Wasser enthalten. Als Backfett ist Butter besonders empfehlenswert für Mürbeteig.

UNSER TIP

Blechkuchen nach dem Backen möglichst noch warm vom Backblech nehmen. Dazu den Kuchen auf dem Blech vierteln und die Stücke mit einer Palette auf einen Kuchenrost legen. Andernfalls schlägt sich die Feuchtigkeit aus dem Kuchen auf dem Backblech nieder und kann den Geschmack des Gebäcks beeinträchtigen.

Himmelstorte

	Für den Teig
250 g Butter	mit einem Handrührgerät mit Rührbesen auf höchster Stufe in etwa 1/2 Minute geschmeidig rühren, nach und nach
200 g Zucker	
1 Päckchen Vanillin-Zucker	unterrühren, so lange rühren, bis eine gebundene Masse entstanden ist,
Salz	
4 Eigelb	nach und nach unterrühren, jedes Eigelb etwa 1/2 Minute,
250 g Weizenmehl	mit
2 gestrichenen Teel. Backpulver	mischen, sieben, eßlöffelweise auf mittlerer Stufe unterrühren,
	für den Belag
4 Eiweiß	steif schlagen, für 4 Böden jeweils 2 Eßl. des Teiges auf einen gefetteten Springformboden (Ø etwa 28 cm) streichen, dabei darauf achten, daß die Teiglage am Rand nicht zu dünn ist, damit der Boden dort nicht zu dunkel wird, 1/4 von dem steifgeschlagenen Eierschnee gleichmäßig auf jedem Boden verteilen,
50 g Zucker	mit
1 Päckchen Vanillin-Zucker	
1 gestrichenen Teel. gemahlenem Zimt	mischen, 1/4 davon und 1/4 von
100 g abgezogenen, gehobelten Mandeln	auf jeden Teigboden streuen, jeden Boden ohne Springformrand im vorgeheizten Backofen backen, bis er hellbraun ist.
Strom:	175–200
Gas:	3–4
Backzeit:	15–20 Minuten
	Die Böden sofort nach dem Backen vom Springformboden lösen, für die Füllung
500 g Johannisbeeren	waschen, gut abtropfen lassen, von den Stielen streifen, mit
125 g gesiebtem Puderzucker	bestreuen,
500 ml (1/2 l) Schlagsahne	1/2 Minute schlagen,
3 Päckchen Sahnesteif	einstreuen, die Sahne steif schlagen, die Johannisbeeren unter die Sahne heben, die einzelnen Böden mit der Füllung bestreichen, zu einer Torte zusammensetzen, die oberste Schicht muß aus einem Boden bestehen.

Kirsch-Mais-Kuchen

	Für den Teig
100 g weiche Butter	mit einem Handrührgerät auf höchster Stufe in etwa 1/2 Minute geschmeidig rühren, nach und nach
80 g flüssigen Honig	
1 Teel. Zimt	
Meersalz	
1 Messerspitze gemahlene Nelken	unterrühren, so lange rühren, bis eine gebundene Masse entstanden ist,
3 Eigelb	nach und nach unterrühren,
100 g Maismehl	
150 g Weizenvollkornmehl	mit
2 Teel. Backpulver	mischen, eßlöffelweise auf mittlerer Stufe unterrühren, den Teig etwa 40 Minuten quellen lassen,
3 Eiweiß	steif schlagen, locker unter den Teig heben,
etwa 750 g entsteinte Sauerkirschen	vorsichtig unter den Teig heben, den Teig auf den mit Back-Trennpapier ausgelegten, mit
60 g gehackten Haselnüssen	bestreuten Boden einer Springform (Ø etwa 28 cm) geben, glattstreichen, backen.
Strom:	175–200, Gas: 2–3
Backzeit:	40–50 Minuten

Mandel-Torte mit Aprikosen

	Für den Teig
250 g Weizenmehl	sieben, mit
200 g kalten Butterflöckchen	
1 Ei	
1 Prise Salz	
1 Eßl. Zucker	rasch zu einem Mürbeteig verkneten, 2 Stunden kühl ruhen lassen, 1 Springform (Ø etwa 26 cm) ausfetten, den Teig dünn ausrollen, in die Form geben, dabei einen 2 cm hohen Rand hochziehen, Teig mit
100 g Aprikosen-Marmelade	bestreichen, mit einer Gabel einstechen
200 g geschälte, geriebene Mandeln	mit
150 g Zucker	
200 ml (1/5 l) Schlagsahne	vermengen, auf den Kuchenboden geben,
etwa 1200 g entsteinte Aprikosen (aus der Dose)	abtropfen lassen, den Kuchenboden damit belegen, mit
50 g Mandelblättchen	bestreuen, auf der mittleren Schiene in den vorgeheizten Backofen schieben und etwa 50 Minuten backen.
Strom:	Etwa 200
Gas:	Etwa 3

UNSER TIP

Whiskey ist ein Brantwein, der aus Destillaten verzuckerter und vergorener Maische von vorwiegend Gerstenmalz, Roggen und Weizen hergestellt wird. Am weitesten verbreitet ist der Schottische Whiskey, aber auch in Irland wird er hergestellt.

UNSER TIP

Die Böden für die Schwarzwälder Kirschtorte können 1–2 Tage vor der Verwendung gebacken werden. Abgekühlt in Alufolie verpackt behalten sie ihre Frische.

Blaubeer-Himbeer-Pastete

Für die Füllung
200 g Blaubeerern vorsichtig waschen, verlesen,
200 g Himbeeren verlesen,
die beiden Zutaten mit
100–125 g Zucker
Salz
1 Eßl. Weizenmehl
2 Eßl. Zitronensaft vermengen, in eine gefettete, runde Auflaufform (Durchmesser etwa 24 cm) geben, gut verteilen, die Form in den vorgeheizten Backofen schieben und die Beeren bei 200 (Gas 3–4) etwa 15 Minuten backen,

für den Teig
125 g Weizenmehl mit
1 Messerspitze Backpulver
Salz vermengen, in eine Schüssel sieben,
1 Eßl. Zucker hinzufügen,
50 g harte Butter in kleinen Stückchen hinzufügen, die Zutaten mit einer Gabel zu einer krümeligen Masse verarbeiten, in die Mitte eine Mulde eindrücken,
2 Eßl. Milch mit
1/2 Ei verschlagen, in die Mulde gießen, die Zutaten zu einem weichen Teig verarbeiten, den Teig auf einer mit
Weizenmehl bestreuten Arbeitsplatte durchkneten, ausrollen und mit einem Kuchenrädchen Streifen ausradern, die Streifen gitterartig auf die noch heißen Beeren legen, mit
1/2 verschlagenem Ei bestreichen, bei gleicher Temperatur etwa 30 Minuten backen,
200 ml Schlagsahne mit
1 Eßl. Zucker steif schlagen, zuletzt
2 Eßl. Bourbon Whiskey unterschlagen, die Bourbonsahne zu der noch warmen Beerenpastete reichen.

UNSER TIP

Meistens fehlt Flüssigkeit, wenn der Knetteig bei der Zubereitung bricht. Der Fehler ist schnell behoben, wenn man den Teig so zusammendrückt, daß eine Vertiefung in der Mitte entsteht. In diese etwas Milch geben und mit Hilfe einer Gabel in den Teig einarbeiten. Dann läßt sich der Teig leicht verkneten.

Schwarzwälder Kirschtorte

Für den Knetteig
125 g Weizenmehl mit
10 g Kakao
1 Messerspitze Backpulver mischen, in eine Rührschüssel sieben,
50 g Zucker
1 Päckchen Vanillin-Zucker
100 g weiche Margarine oder Butter hinzufügen, zu einem glatten Teig verkneten, sollte er kleben, ihn eine Zeitlang kalt stellen, den Teig auf dem gefetteten Boden einer Springform (Durchmesser 28 cm) ausrollen, mit einer Gabel einstechen, den Springformring darumlegen, im Backofen bei 200–225 (Gas: 3–4) etwa 15 Minuten backen, sofort danach den Tortenboden vom Springformboden lösen, darauf erkalten lassen, dann auf eine Tortenplatte legen,

für den Biskuitteig
4 Eier
2 Eßl. heißes Wasser schaumig schlagen,
100 g Zucker mit
1 Päckchen Vanillin-Zucker mischen, in 1 Minute einstreuen, dann noch etwa 2 Minuten schlagen,
75 g Weizenmehl mit
30 g Speisestärke
10 g Kakao
1 Messerspitze gemahlenem Zimt
1/2 gestrichenen Teel. Backpulver mischen, die Hälfte davon auf die Eiercreme sieben, kurz auf niedrigster Stufe unterrühren, den Rest des Mehls ebenso unterarbeiten, den Teig in eine gefettete, mit Backpapier ausgelegte Springform (Durchmesser 28 cm) füllen, die Form auf dem Rost in den vorgeheizten Backofen schieben, bei 175–200 (Gas: 3–4) 25–30 Minuten backen, den Tortenboden aus der Form lösen, erkalten lassen,

für die Füllung
etwa 720 g entsteinte Sauerkirschen (aus dem Glas) abtropfen lassen, 250 ml (1/4 l) Saft abmessen, eventuell mit Wasser ergänzen,
30 g Speisestärke mit 4 Eßl. von dem Saft anrühren, den übrigen Saft zum Kochen bringen, die Speisestärke unter Rühren in den von der Kochstelle genommenen Saft geben, kurz aufkochen lassen, die Kirschen unterrühren, die Masse kalt stellen, mit
etwa 25 g Zucker
etwa 3 Eßl. Kirschwasser abschmecken,
750 g (3 Becher) Schlagsahne 1/2 Minute schlagen,
50 g Puderzucker sieben, mit
1 Päckchen Vanillin-Zucker
3 Päckchen Sahnesteif mischen, einstreuen, die Sahne steif schlagen, zunächst die Hälfte der Kirschmasse, dann 1/3 der Sahne auf den Knetteigboden streichen, den Biskuitboden einmal durchschneiden, eine Hälfte auf die Sahne legen, mit der übrigen Kirschmasse, dann mit der Hälfte der übrigen Sahne bestreichen, mit dem oberen Boden bedecken, den Rand gleichmäßig, die obere Schicht bergartig mit der übrigen Sahne bestreichen, die Torte mit
30 g geraspelter Schokolade bestreuen.

UNSER TIP

Agar-Agar, auch Gelose, Japanische Gelatine oder Pflanzengelatine genannt, wird aus verschiedenen Arten der Rotalge gewonnen. Verwendet in Form von Schnitzeln, Körnern, Blättern oder Pulver, löst sich Agar-Agar beim Kochen und geliert beim Abkühlen bei ca. 45°.

Knuspertorte mit roter Grütze

	Für den Teig
150 g Weizenvollkornmehl	mit
100 g Butter	
50 g ausgedrücktem Magerquark	
1 Eigelb	
1 Prise Salz	zu einem festen Teig verkneten, in Frischhaltefolie wickeln, über Nacht im Kühlschrank ruhen lassen, Teig zu einem Kreis von etwa 35 cm Durchmesser ausrollen, eine gefettete Springform (Durchmesser etwa 26 cm) damit auslegen, einen etwa 4 cm breiten Rand hochziehen, mit einer gefetteten Alufolie bedecken, bis zum Teigrand mit
getrockneten Linsen	füllen, auf dem Rost in den vorgeheizten Backofen schieben.
Strom:	Etwa 220
Gas:	3–4
Backzeit:	Etwa 30 Minuten
	Die Linsen entfernen, die Alufolie vorsichtig abziehen, Kuchenboden etwa 5 Minuten abkühlen lassen, Boden mit
2 Eßl. Nußcreme (aus dem Reformhaus)	bestreichen,
	für die Füllung
250 ml (1/4 l) Schlagsahne	mit
10 Eßl. Agar-Agar	verrühren, zum Kochen bringen, bei schwacher Hitze so lange rühren, bis sich das Agar-Agar aufgelöst hat, mit
3 Eßl. Birnendicksaft	verrühren,
600 g gemischte, süße Beeren (z. B. Erdbeeren, Himbeeren)	verlesen, waschen, abtropfen lassen, im Mixer pürieren, mit der Sahne verrühren, kalt stellen, bis die Masse zu gelieren beginnt, die Creme in den gebackenen Boden füllen, kalt stellen, bis die Fruchtcreme fest ist, mit
Schlagsahne	
Beeren	verzieren.

UNSER TIP

Nußcreme oder Nußmus wird ausschließlich aus geschälten Nußkernen und Zucker hergestellt. Nußcreme enthält höchstens 50 % Zucker und mindestens 32 % Fett.

Kirsch-Schokoladen-Torte

	Für den Teig
100 g Butter	geschmeidig rühren, nach und nach
100 g Zucker	
1 Päckchen Vanillin-Zucker	
2 Eier	
Salz	unterrühren,
150 g Weizenmehl	mit
1 1/2 gestr. Teel. Backpulver	
15 g Kakao	mischen, sieben, abwechselnd eßlöffelweise mit
etwa 3 Eßl. Milch	unterrühren, den Teig in eine gefettete Form füllen, in den vorgeheizten Backofen schieben.
Strom:	175–200, Gas: 3–4
Backzeit:	Etwa 25 Minuten
	Für den Belag
750 g Sauerkirschen	waschen, entstielen, entsteinen, mit
75 g Zucker	vermengen, kurze Zeit zum Saftziehen stehenlassen, kurz aufkochen, abtropfen und erkalten lassen, oder
500 g entsteinte Sauerkirschen (aus dem Glas)	abtropfen lassen, von dem Saft 250 ml (1/4 l) abmessen, wenn nötig, mit Wasser ergänzen,
40 g Speisestärke	mit 4 Eßl. von dem Saft anrühren, den übrigen Saft zum Kochen bringen, die angerührte Speisestärke unter Rühren in den von der Kochstelle genommenen Kirschsaft geben, kurz aufkochen lassen, die Kirschen unterrühren, 16 Kirschen zum Garnieren zurücklassen, kalt stellen,
25 g Zucker	
3 Eßl. Kirschwasser	unter die Masse rühren, auf den Tortenboden streichen,
500 ml (1/2 l) Schlagsahne	1/2 Minute schlagen,
1 Päckchen Vanillin-Zucker	mit
1 Teel. Zucker	
2 Päckchen Sahnesteif	mischen, einstreuen, die Sahne steif schlagen,
75 g zartbittere Schokolade	in kleine Stücke brechen, in einem kleinen Topf im Wasserbad bei schwacher Hitze zu einer geschmeidigen Masse verrühren, abkühlen lassen, gut 1/3 der Sahne in einen Spritzbeutel mit gezackter Tülle füllen, unter die restliche Sahne vorsichtig die lauwarme Schokolade rühren, gleichmäßig auf die Kirschen streichen, darüber ein Gitter (Linien in Abständen von etwa 6 cm) spritzen, in jedes entstandene Quadrat einen Tuff spritzen, darauf eine Kirsche setzen.

UNSER TIP

Kirschwasser ist ein Obstbranntwein aus der vollen, vergorenen Obstfrucht oder aus deren Säften. Verwendung findet Steinobst wie Kirschen, Zwetschken, Mirabellen oder Beerenobst wie Heidelbeeren, Himbeeren, Johannisbeeren und Kernobst wie Äpfel und Birnen. Übrigens: Wenn im Rezept Alkohol angegeben ist und Sie darauf völlig verzichten möchten, ersetzen Sie die Flüssigkeit durch Säfte, Nektar oder Sirup.

Windbeutel

Gebäck für 6 Personen

Für den Teig

250 ml (1/4 l) Wasser
50 g Butter oder Margarine am besten in einem Stieltopf zum Kochen bringen

150 g Weizenmehl mit
30 g Speisestärke mischen, sieben, auf einmal in die von der Kochstelle genommene Flüssigkeit schütten, zu einem glatten Kloß rühren, unter Rühren etwa 1 Minute erhitzen, den heißen Kloß sofort in eine Rührschüssel geben, nach und nach

4–6 Eier mit einem Handrührgerät mit Knethaken auf höchster Stufe unterarbeiten, die weitere Zugabe von Ei erübrigt sich, wenn der Teig stark glänzt und so von einem Löffel abreißt, daß lange Spitzen hängenbleiben,

1 gestrichenen Teel. Backpulver in den erkalteten Teig einarbeiten, mit 2 Löffeln oder mit einem Spritzbeutel 12 Teighäufchen auf ein gefettetes, mit Weizenmehl bestäubtes Backblech setzen, in den vorgeheizten Backofen schieben.

Strom: 200–225
Gas: 4–5

Backzeit: 25–30 Minuten
Während der ersten 15 Minuten Backzeit die Backofentür nicht öffnen, da das Gebäck sonst zusammenfällt, sofort nach dem Backen von jedem Windbeutel einen Deckel abschneiden.

Für die Füllung

4 Bananen schälen, in Scheiben schneiden, mit
4 Teel. Zitronensaft beträufeln, die Bananenscheiben in die Windbeutel legen,

2 Bananen schälen, mit einer Gabel zerdrücken,
250 ml (1/4 l) Schlagsahne halbsteif schlagen,
1 Päckchen Vanillin-Zucker hinzufügen, die Sahne steif schlagen, das Bananenpüree unterziehen, auf die Bananenscheiben in den Windbeuteln verteilen, die Windbeutel mit den Deckeln bedecken, mit

gesiebtem Puderzucker bestäuben,

für die Soße

150 g Himbeeren verlesen, eventuell vorsichtig waschen, mit
4 Eßl. Himbeergeist pürieren, zu den Windbeuteln reichen.

UNSER TIP

Brandteig wird auf eine ungewöhnliche Art zubereitet. Die Zutaten (bis auf die Eier) läßt man in einem Topf unter Rühren aufkochen, bis sich die Masse vom Topfboden löst, abbrennt, wie es in der Fachsprache heißt. Erst dann wird der Teig unter Zugabe von Eiern und Backpulver weiterverarbeitet.

UNSER TIP

Mandelkerne sind die Steinfrucht des Mandelbaumes, beheimatet überwiegend in den Mittelmeerländern und den USA. Im Handel wird die Mandel als Trockenfrucht geschält oder ungeschält angeboten sowie gehackt, gehobelt oder gemahlen. Verwendung findet die Mandel vorwiegend im Süßwaren- und Backbereich.

Kirsch-Mandel-Kuchen

Für den Teig

150 g Weizenmehl mit

1/2 gestrichenen Teel. Backpulver mischen, auf die Tischplatte sieben, in die Mitte eine Vertiefung eindrücken,

50 g Zucker
1 Päckchen Vanillin-Zucker
1 Eiweiß hineingeben, mit einem Teil des Mehls zu einem dicken Brei verarbeiten,

100 g kalte Butter in Stücke schneiden, auf den Brei geben, mit Mehl bedecken, von der Mitte aus alle Zutaten schnell zu einem glatten Teig verkneten, 2/3 des Teigs auf dem Boden einer gefetteten Springform (Durchmesser etwa 28 cm) ausrollen, den Rest des Teigs zu einer Rolle formen, sie als Rand auf den Boden legen, so an die Form drücken, daß der Rand 1–2 cm hoch wird, den Teigboden mehrmals mit einer Gabel einstechen, mit

1 gehäuften Eßl. Semmelmehl bestreuen,

für den Belag

500 g entsteinte Sauerkirschen (aus dem Glas) gut abtropfen lassen, auf dem Teigboden verteilen,

1 Eigelb mit
75 g Zucker
1 Päckchen Vanillin-Zucker
3 Eßl. Schlagsahne
15 g Speisestärke verrühren,

100 g abgezogene, gehobelte Mandeln unterrühren, die Masse auf die Kirschen verteilen, die Form auf dem Rost in den vorgeheizten Backofen schieben.

Strom: 175–200, Gas: 2–3
Backzeit: Etwa 45 Minuten

Texanisches Erdnußkonfekt

ohne Abbildung, etwa 30 Stück

200 g Marzipan-Rohmasse mit
2 Eßl. Orangenlikör
100 g gehackten Erdnußkernen verkneten, die Masse in einen Spritzbeutel mit Lochtülle geben,

30 entsteinte Trockenpflaumen damit füllen,

150 g Schokoladenglasur (zartbitter) nach der Vorschrift auf dem Päckchen auflösen, jede gefüllte Pflaume bis zur Hälfte hineintauchen, das Konfekt auf einem Kuchengitter trocknen lassen.

UNSER TIP

Der Kuchen kann anstatt mit Aprikosen auch mit 750 g Sauerkirschen oder 750 g geviertelten und oben eingeritzten Äpfeln zubereitert werden. Zum Bestreichen sollte dann eine entsprechende Konfitüre benutzt werden.

Aprikosen-Kuchen

	Für den Teig
150 g weiche Butter	mit einem Handrührgerät auf höchster Stufe in etwa 1/2 Minute geschmeidig rühren, nach und nach
100 g Ahornsirup	untermischen, so lange rühren, bis eine gebundene Masse entstanden ist,
4 Eigelb	nach und nach unterrühren,
200 g fein gemahlenen Dinkelweizen	mit
1 Teel. Backpulver	mischen, in die Masse rühren
4 Eiweiß	steif schlagen,
1 Teel. Zitronensaft **1 Eßl. Ahornsirup**	unterschlagen, die Eiweißmasse unter den Teig heben, den Teig in eine gut gefettete Pie-Form oder Springform (Durchmesser 28 cm) füllen, glattstreichen, für den Belag
750 g reife Aprikosen (eventuell auch Dosenfrüchte)	waschen, halbieren, entsteinen, auf dem Teig verteilen, die Form auf dem Rost in den vorgeheizten Backofen schieben.
Strom:	175–200, Gas: 3–4
Backzeit:	40–45 Minuten
2–3 Eßl. Aprikosen-Hagebutten-Konfitüre	erhitzen, den Kuchen sofort nach dem Backen mit der Marmelade bestreichen.

Beschwipste Kiwi-Törtchen

ohne Abbildung

300 g Doppelrahm-Frischkäse	mit
3 Gläschen Eierlikör **3 Päckchen Vanillin-Zucker**	gut verrühren, in einen Spritzbeutel mit großer Sterntülle füllen, in
4 Knetteig-Törtchen (fertig gekauft)	spritzen
2 Kiwis (je etwa 100 g)	schälen, längs vierteln, in Scheiben schneiden, dekorativ in die Creme drücken.
Veränderung:	Anstelle von Kiwistückchen können auch halbierte Erdbeeren, Himbeeren, Brombeeren oder Aprikosenstücke in die Käsecreme gesteckt werden.

Kiwi-Trauben-Kuchen

250 g Weizenmehl mit
1 Messerspitze Backpulver in eine Schüssel sieben,
etwas Salz hinzufügen, in die Mitte eine Mulde eindrücken,

60 g Zucker
1 Ei
abgeriebene Schale von 1 unbehandelten Zitrone hineingeben,
100 g kalte Butter in Flöckchen dazugeben, die Zutaten zu einem geschmeidigen Teig verkneten, nach und nach

100 g gemahlene Haselnußkerne hinzufügen, den Teig zu einer Kugel formen, in Alufolie verpackt etwa 30 Minuten in den Kühlschrank legen, anschließend ausrollen, eine gut gefettete Springform (Durchmesser etwa 26 cm) damit auslegen, den Teig am Springformrand etwas hochziehen, den Teigboden mehrmals mit einer Gabel einstechen, die Form auf dem Rost in den auf 175 (Gas: 3) vorgeheizten Backofen schieben, etwa 20 Minuten backen,

für die Nußmasse
125 g Honig erhitzen, mit
125 g gemahlenen Haselnußkernen
1 Eßl. Rum vermengen, auf den erkalteten Teig streichen,

für den Belag
6 Kiwis schälen, in Scheiben schneiden,
50 g blaue Weintrauben waschen, halbieren, entkernen, das Obst auf die fast erkaltete Nußmasse geben,

1 Päckchen Tortenguß, klar mit
125 ml (1/8 l) Wasser
125 ml (1/8 l) trockenem Weißwein nach der Vorschrift auf dem Päckchen zubereiten, über das Obst geben, fest werden lassen.

UNSER TIP

Tortenguß ist ein Geleepulver, das aus Agar agar und Stärke hergestellt wird. Die Stärke bewirkt ein schnelles Festwerden des Gusses und das Agar agar die Durchsichtigkeit.

Blätterteig mit Grießfüllung

Für die Füllung

250 ml (1/4 l) Milch
250 ml (1/4 l) Sahne mit
etwas Salz erhitzen, sobald die Milch anfängt zu kochen,
75 g Grieß hineinstreuen, unter Rühren einmal aufkochen lassen, von der Kochstelle nehmen,
150 g Zucker mit
3 Eiern verschlagen, unter den etwas abgekühlten Grießbrei geben,
1 Teel. ausgekratztes Vanillemark
25 g feingehackte Pistazien hinzufügen, evtl. einige Pistazien zum Garnieren zurücklassen,

für den Teig

300 g (1 Packung) tiefgekühlten Blätterteig bei Zimmertemperatur auftauen lassen, die 3 Blätterteigplatten auf die Größe einer flachen, rechteckigen Kuchenform ausrollen, die Kuchenform mit einem Teil von
60 g zerlassener Butter ausstreichen, eine Teigschicht hineinlegen, die Hälfte des Grießbreis daraufgeben, glattstreichen, die zweite Teigschicht auf die Masse legen, den restlichen Grießbrei daraufstreichen, mit der letzten Teigschicht bedecken, mit einem Messerrücken ein rhombenartiges Muster in die Teigoberfläche drücken, die restliche Butter darüberstreichen, den Kuchen in den vorgeheizten Backofen schieben, bei Strom 200, Gas: 3–4 etwa 40 Minuten backen, bis die obere Teigschicht goldbraun ist, nach Belieben mit den zurückgelassenen gehackten Pistazien bestreuen,

für den Sirup

125 ml (1/8 l) Wasser mit
75 g Zucker
1 Eßl. Zitronensaft so lange kochen lassen, bis eine dickflüssige Masse entstanden ist,
gemahlenen Zimt
2 Eßl. Arrak unterrühren,

den heißen Sirup über den noch warmen Kuchen gießen, einige Stunden kalt stellen.

Schokoladenbiskuitrolle mit Bananencreme und Himbeeren

Für den Teig

65 g feingemahlenen Weizen
65 g feingemahlenen Dinkel mit
35 g dunklem Kakao mischen,
4 Eiweiß mit
2 Eßl. Wasser sehr steif schlagen, nach und nach
130 g Akazienhonig einfließen lassen, so lange schlagen, bis eine dicke Schaummasse entstanden ist,
4 Eigelb nacheinander unterrühren (jedes Ei etwa 1/2 Minute), 1–2 Minuten weiterschlagen, bis eine feste Creme entstanden ist, die Mehlmischung auf die Schaummasse geben, mit einem Schneebesen vorsichtig unterheben, die Biskuitmasse gleichmäßig auf ein mit Backtrennpapier belegtes Backblech streichen, auf mittlerer Schiene in den vorgeheizten Backofen schieben, bei Strom: 200, Gas: 3–4 12 Minuten backen, inzwischen ein Backbrett mit extra starker Alufolie belegen, die Biskuitplatte vom Blech lösen, auf die Folie stürzen, mit dem Backblech abdecken, auskühlen lassen,

für die Füllung

250 g Himbeeren unter kaltem Wasser abspülen, trockentupfen, 2 Eßl. zum Garnieren beiseite stellen,
5 Blatt weiße Gelatine in kaltem Wasser einweichen,
250 ml (1/4 l) Schlagsahne steif schlagen,
200 g Doppelrahm-Frischkäse mit
2 Eßl. Akazienhonig
1/4 Teel. gemahlener Vanille (aus dem Reformhaus) glattrühren,
2 mittelgroße Bananen schälen, pürieren, unter die Käsecreme rühren, die Gelatine ausdrücken, warm auflösen, die Bananen-Käse-Creme nach und nach unter die Gelatine rühren, die Creme unter die Sahne ziehen, das Blech von der Biskuitplatte herunternehmen, das Backtrennpapier abziehen, die Bananensahne gleichmäßig auf der Biskuitplatte verteilen, die Himbeeren daraufgeben, mit einem Löffel leicht andrücken, die Alufolie an der Schmalseite anheben, die Biskuitplatte vorsichtig aufrollen, die Alufolie über der Biskuitrolle fest zusammenfalten, die Rolle etwa 2 Stunden in den Kühlschrank legen, anschließend auf eine Tortenplatte gleiten lassen,

zum Garnieren

150 ml Schlagsahne steif schlagen, 3 Eßl. davon in eine Tortenspritze oder in einen Spritzbeutel mit Sterntülle füllen, in den Kühlschrank legen, die Biskuitrolle mit der übrigen Sahne bestreichen,
Honigschokolade (aus dem Reformhaus) darüberraspeln, auf der Oberseite der Rolle 12–14 Stücke leicht markieren, auf jedes Stück 1 Rosette spritzen,
1 mittelgroße Banane schälen, in Scheiben schneiden, auf jede Rosette eine Bananenscheibe und eine von den zurückgelassenen Himbeeren setzen.

UNSER TIP

Doppelrahm-Frischkäse hat einen Mindestfettgehalt von 60 % und einen Höchstfettgehalt von 85 % in Trockenmasse. Er wird aus pasteurisierter Milch, Sahne und entrahmter Milch mit Milchsäurebakterien und Lab hergestellt.

UNSER TIP

Vanilleschoten sind die Früchte einer Orchideenart. Die Heimat der Schoten ist das tropische Amerika. Die getrockneten, dunkelbraunen Früchte werden in der Küche für Süßspeisen und Backwaren verwendet. In Deutschland wird die Bourbon-Vanilleschote bevorzugt, die vorwiegend aus Madagaskar kommt.

UNSER TIP

Besonders fest und feinporig wird Eischnee, wenn er in der Küchenmaschine aufgeschlagen wird. Zuerst auf kleiner Stufe arbeiten, dann die Geschwindigkeit erhöhen und zum Schluß wieder drosseln.

Obstsalat-Körbchen

Für den Teig

200 g Weizenvollkornmehl mit
200 g ausgedrücktem Magerquark
200 g Butter
1 Eigelb zu einem Teig verkneten, eingewickelt über Nacht im Kühlschrank ruhen lassen,
Teig etwa 6 mm dick ausrollen, sechs Kreise von etwa 10 cm Durchmesser ausschneiden, auf ein gefettetes Backblech legen, den restlichen Teig zu einem 40 cm langen Stück ausrollen, in 12 etwa 1,5 cm breite Streifen schneiden, jeden Streifen verdrehen, bis er eine Länge von etwa 27 cm hat, zu 12 Kreisen mit einem Durchmesser von 10 cm formen, als Rand auf jeden Kreisboden 2 Teigstreifen übereinanderlegen, backen.

Strom: Etwa 180, Gas: 2–3
Backzeit: Etwa 30 Minuten

Körbchen abkühlen lassen,
6 Eßl. Honig im warmen Wasserbad erhitzen, Korbböden und -ränder dünn mit Honig bestreichen,
für die Füllung
600 g gemischte Beeren verlesen, waschen, abtropfen lassen, in die Körbchen füllen, restlichen Honig mit
3 Eßl. Orangensaft verrühren, darüber träufeln.

Brombeer-Schiffchen

Für den Teig

125 g Weizenmehl mit
1 Messerspitze Backpulver mischen, in eine Rührschüssel sieben,
25 g Zucker
1 Päckchen Vanillin-Zucker
1 Eigelb
1/2 Eßl. Milch
65 g weiche Butter hinzufügen, die Zutaten in einer Küchenmaschine oder einem Handrührgerät mit Knethaken zunächst kurz auf niedrigster, dann auf höchster Stufe gut durcharbeiten, anschließend auf der Tischplatte zu einem glatten Teig verkneten, sollte er kleben, ihn eine Zeitlang kalt stellen, den Teig ausrollen, in der Größe der Schiffchen-Förmchen 12 Stck. ausstechen, die Förmchen damit auslegen, die Förmchen auf ein Backblech setzen, in den vorgeheizten Backofen schieben.

Strom: Etwa 200, Gas: Etwa 4
Backzeit: Etwa 12 Minuten

Die gebackenen Schiffchen sofort aus den Förmchen lösen, erkalten lassen,
40 g Zartbitter-Schokolade mit
etwas Kokosfett in einem kleinen Topf im Wasserbad zu einer

geschmeidigen Masse verrühren, die Schiffchen damit ausstreichen, für die Füllung

2 Teel. Speisestärke mit
1 Eßl. Zucker
1 Päckchen Vanillin-Zucker
1 Becher (150 g) Crème fraîche in einem Topf gut verrühren,
1 Ei hinzufügen, die Masse unter ständigem Schlagen einmal aufkochen lassen, von der Kochstelle nehmen,
3 Eßl. Kirschwasser unterrühren, die Masse erkaltet in die Schiffchen geben, glattstreichen,
250 g Brombeeren vorsichtig waschen, abtropfen lassen, mit
1–2 Eßl. Zucker bestreuen, einige Zeit stehenlassen, abtropfen lassen, den Saft auffangen, mit
1 gehäuften Eßl. Brombeer- oder Johannisbeergelee verrühren, zum Kochen bringen, etwas einkochen lassen, die Brombeeren auf die Schiffchen verteilen, mit dem flüssigen Gelee bestreichen,
1 Eiweiß steif schlagen,
50 g Zucker unterschlagen, den Eischnee in einen Spritzbeutel mit großer, gezackter Tülle geben, auf die Brombeeren spritzen, unter den vorgeheizten Grill schieben, in 1–2 Minuten hell bräunen lassen.

Gefüllte Schuhsohlen

1 Packung (300 g) tiefgekühlten Blätterteig bei Zimmertemperatur auftauen lassen, die Platten aufeinanderlegen, dünn ausrollen, mit einer runden Form (Durchmesser etwa 6 cm) ausstechen, jede Teigplatte von beiden Seiten auf
Zucker ausrollen, daß ovale Teigstücke entstehen, auf ein mit Wasser abgespültes Backblech legen, in den auf 200–225 (Gas: 4–5) vorgeheizten Backofen schieben und etwa 10 Minuten backen, für die Füllung
600 g gemischte Beeren Himbeeren verlesen, die übrigen Früchte vorsichtig waschen, entsteinen, mit
Zucker bestreuen, etwas ziehen lassen, die Hälfte der gebackenen Schuhsohlen auf der Unterseite mit den abgetropften Beerenfrüchten belegen,
250 ml (1/4 l) Schlagsahne 1/2 Minute schlagen,
1 Päckchen Vanillin-Zucker mit
1 Päckchen Sahnesteif mischen, einstreuen, die Sahne steif schlagen, mit
Kirschwasser abschmecken, die mit Früchten belegte untere Hälfte der Schuhsohlen damit bespritzen, mit der oberen Hälfte bedecken.

Gefüllter aufgeschnittener Kranz

Für den Teig

500 g Weizenmehl in eine Rührschüssel sieben, mit
1 Päckchen Trocken-Backhefe sorgfältig vermischen

100 g Zucker
Salz
1 Ei
knapp 200 ml lauwarme Milch
125 g zerlassene, abgekühlte Butter oder Magarine hinzufügen, die Zutaten mit einem Handrührgerät mit Knethaken zunächst auf niedrigster, dann auf höchster Stufe in etwa 5 Minuten zu einem Teig verarbeiten, sollte er kleben, noch etwas Mehl hinzufügen, aber nicht zuviel, der Teig muß weich bleiben, den Teig so lange an einem warmen Ort stehenlassen, bis er sich sichtbar vergrößert hat, ihn dann auf höchster Stufe nochmals gut durchkneten, zu einem Rechteck (40 x 50 cm) ausrollen, mit

50 g weicher Butter oder Margarine bestreichen, in der Mitte der Länge nach durchschneiden,

für die Füllung

75 g Korinthen und
125 g Rosinen verlesen, mit
50 g gewürfeltem Zitronat (Sukkade)
50 g abgezogenen, gehackten Mandeln
50 g Zucker
1 Päckchen Vanillin-Zucker mischen, so auf die Teigstücke streuen, daß an der durchgeschnittenen Seite je 2 cm frei bleiben, jede Teighälfte von der längeren Seite her von außen nach innen aufrollen, die Rollen umeinanderschlingen, als Kranz auf ein gefettetes Backblech legen, mit

Kondensmilch bestreichen, die aufliegenden Rollen mit einem in Wasser getauchten Messer etwa 1 cm tief einschneiden, den Kranz nochmals so lange an einem warmen Ort gehen lassen, bis er sich sichtbar vergrößert hat, in den vorgeheizten Backofen schieben.

Strom: 175–200, Gas: 3–4
Backzeit: 25–35 Minuten

Für den Guß

50 g Puderzucker sieben, mit etwa
1 Eßl. heißem Wasser glattrühren, so daß eine dickflüssige Masse entsteht, den Kranz sofort nach dem Backen damit bestreichen.

Gerollte Schnitten

Für den Teig

300 g Weizenmehl mit
1 Päckchen Backpulver mischen, in eine Rührschüssel sieben,

150 g Speisequark
6 Eßl. Milch
6 Eßl. Speiseöl
1 Päckchen Vanillin-Zucker
Salz hinzufügen, die Zutaten mit einem Handrührgerät mit Knethaken auf höchster Stufe etwa 1 Minute verarbeiten, anschließend auf der Tischplatte zu einer Rolle formen, den Teig zu einem Rechteck (60 x 30 cm) ausrollen, mit der Hälfte von

100 g weicher Butter bestreichen,

für die Füllung

200 g Marzipanrohmasse gut durchkneten, halbieren, 2 Vierecke (29 x 29 cm) daraus rollen, nebeneinander auf die Teigplatte legen, mit dem restlichen Fett bestreichen,

250 g Rosinen verlesen,
100 g Haselnußkerne hacken, die Zutaten mit
75 g gewürfeltem Zitronat (Sukkade)
1 gut gehäuften Eßl. Zucker
1 Päckchen Vanillin-Zucker
1 Fläschchen Rum-Aroma
1 Messerspitze gemahlenem Zimt mischen, auf der mit Butter bestrichenen Platte verteilen, etwas andrücken, den Teig in der Mitte durchschneiden, so daß 2 Vierecke (30 x 30 cm) entstehen, jedes Teigstück für sich aufrollen, beide nebeneinander auf ein gefettetes Backblech legen, die Rollen der Länge nach (etwa 25 cm) etwa 2 cm tief einschneiden, mit

Milch bestreichen, das Backblech in den vorgeheizten Backofen schieben.

Strom: 175–200
Gas: 3-4
Backzeit: 20–35 Minuten

Zum Aprikotieren

3 Eßl. Aprikosenkonfitüre mit
1 Eßl. Wasser unter Rühren aufkochen lassen, die Rollen sofort nach dem Backen damit bestreichen,

für den Guß

100 g Puderzucker sieben, mit
etwa 1 Eßl. Orangensaft glattrühren, so daß eine dickflüssige Masse entsteht, die Rollen sofort damit bestreichen, mit

abgezogenen, gehobelten, gebräunten Mandeln bestreuen.

Torte „Tiramisu"

ohne Abbildung

2 Eigelb mit
3 Eßl. Zucker dickcremig schlagen,
400 g Philadelphia-Frischkäse
100 g Crème fraîche eßlöffelweise unterschlagen,
1/2 Päckchen Vanillin-Zucker
abgeriebene Schale und Saft von 1 unbehandelten Zitrone hinzufügen, gut verrühren,
4–5 Eßl. lauwarmen Espresso mit
4 Eßl. Amaretto (Mandellikör) mischen, auf
1 Biskuit-Tortenboden träufeln, die Käsecreme darauf streichen, glattstreichen, abgedeckt im Kühlschrank mindestens 2 Stunden durchziehen lassen, kurz vor dem Servieren dick mit

gesiebtem Kakao bestäuben.

UNSER TIP

200 g Marzipanmasse mit zwei Eigelb und 1 Eßl. Wasser zu einer geschmeidigen Masse verrühren, auf den mit Fett bestrichenen Teig streichen. Den Kranz eventuell etwas länger backen.

UNSER TIP

Mit Marzipan läßt sich Gebäck nicht nur verzieren und verfeinern. Ein „Mantel" aus einer dünnen Marzipandecke hält den Kuchen auch länger frisch und bewahrt ihn vor dem Austrocknen.

Brioches

Frühstücksgebäck

Für den Vorteig
100 g Weizenmehl in eine Schüssel sieben,
50 g Frischhefe mit
1 gestrichenen Teel. Zucker
6 Eßl. lauwarmem Wasser verrühren, bis sich die Hefe aufgelöst hat, zu dem Mehl geben, gut verrühren, eventuell noch etwas Wasser hinzugeben, den Teig an einem warmen Ort so lange stehen lassen, bis er etwa doppelt so hoch ist,
für den Teig
400 g Weizenmehl mit
50 g Puderzucker in eine Schüssel sieben, mit
10 g Salz vermengen
400 g weiche Butter cremig rühren, nach und nach
6 Eier unterschlagen, mit dem Mehlgemisch vermengen, den gegangenen Vorteig hinzufügen, alles mit einem elektrischen Handrührgerät mit Knethaken zuerst auf der niedrigsten, dann auf der höchsten Stufe in etwa 5 Minuten zu einem Teig verarbeiten, eine gut gefettete Kastenform (32 x 10 cm) und eine Brioche-Form (Inhalt 1 l) oder kleine Brioche-Förmchen (Durchmesser etwa 8 cm) mit
Semmelmehl ausstreuen, den Teig auf die Formen verteilen, nochmals so lange an einem warmen Ort stehen lassen (etwa 30 Minuten), bis er doppelt so hoch ist, die Formen auf dem Rost in den vorgeheizten Backofen schieben.
Strom: Etwa 200, Gas: 3–4
Backzeit für die Brioches
in den großen Formen: Etwa 40 Minuten
in den kleinen Formen: Etwa 20 Minuten

Erdnußbällchen

ohne Abbildung

200 g getrocknete Aprikosen und
50 g Rosinen in
etwa 250 ml (1/4 l)
lauwarmen Wasser 5 Stunden quellen lassen, abgetropft mit
150 g Erdnußkernen und etwas Einweichwasser pürieren,
100 g Erdnußkerne reiben, so viel davon unter die Masse kneten, daß sie formbar ist, zu etwa 50 walnußgroßen Kugeln formen, in den restlichen geriebenen Erdnußkernen wälzen.

UNSER TIP

Brioches sind ein ei- und fettreiches Hefegebäck aus Frankreich. Der Teig wird als Ganzes in einer Kastenform oder in kleinen Spezial-(Brioche-)Formen gebacken. Die lockeren, zarten Brioches können als Frühstücks- oder Kaffeegebäck gereicht werden. Um den feinen Butter-Eier-Geschmack voll genießen zu können, sollten Brioches möglichst ganz frisch verzehrt werden.

UNSER TIP

Das Gebäck sollte in gut schließenden Dosen aufbewahrt werden. Besonders appetitlich und schön bleiben die Nußecken, wenn man zwischen die einzelnen Gebäcklagen Pergamentpapier legt.

Nuß- oder Kokosecken

12 Stück

	Für den Teig
150 g Weizenmehl	mit
1/2 gestrichenem Teel. Backpulver	mischen, auf die Tischplatte sieben, in die Mitte eine Vertiefung eindrücken,
65 g Zucker	
1 Päckchen Vanillin-Zucker	
1 Ei	hineingeben, mit einem Teil des Mehls zu einem dicken Brei verarbeiten,
65 g kalte Butter	in Stücke schneiden, auf den Brei geben, mit Mehl bedecken, dann von der Mitte aus alle Zutaten schnell zu einem glatten Teig verkneten, sollte er kleben, ihn eine Zeitlang kalt stellen, den Teig zu einem Rechteck von etwa 32 x 24 cm auf einem gefetteten Backblech ausrollen, mit
2 Eßl. Aprikosenkonfitüre	bestreichen,
	für den Belag
100 g Butter	zerlassen,
100 g Zucker	
1 Päckchen Vanillin-Zucker	
2 Eßl. Wasser	hinzufügen, das Ganze langsam erwärmen,
100 g gemahlene Haselnußkerne	
100 g gehackte Haselnußkerne oder 200 g Kokosraspeln	unterrühren, die Masse kurz aufkochen, etwas abkühlen lassen, gleichmäßig auf dem Teig verteilen, vor den Teig einen mehrfach umgeknickten Streifen Alufolie legen, in den vorgeheizten Backofen schieben.
Strom:	Etwa 175–200
Gas:	Etwa 3–4
Backzeit:	Etwa 20–30 Minuten.
	Nach dem Backen das Gebäck etwas abkühlen lassen, in Vierecke von 8 x 8 cm schneiden, diese diagonal halbieren,
	für den Guß
50 g Kuvertüre	in einem kleinen Topf im heißen Wasserbad bei schwacher Hitze zu einer geschmeidigen Masse verrühren, die beiden spitzen Ecken des Gebäcks damit bestreichen.

Crème-fraîche-Waffeln

2 Becher	
(je 150g) Crème fraîche	mit
3 Eigelb	
100 g Zucker	
Salz	
abgeriebener Schale von 1/2	
unbehandelten Zitrone	verrühren,
250 g Weizenmehl	mit
1 Teel. Backpulver	mischen, auf die Crème-fraîche-Masse sieben, unterrühren,
3 Eiweiß	steif schlagen, unterheben, ein Waffeleisen mit
1 Speckschwarte	ausfetten, den Teig in nicht zu großen Portionen in das erhitzte Waffeleisen füllen, sofort gut verstreichen, die Waffeln von beiden Seiten goldbraun backen, einzeln auf einem Kuchenrost erkalten lassen.
Beilage:	Geschlagene Sahne, Vanilleeis, gezuckerte Beerenfrüchte oder Marmelade, Gelee.

Gefüllte Eierkuchen

1 Ogenmelone oder	
1 Galiamelone (etwa 750 g)	waschen, abtrocknen, halbieren, mit einem Eßlöffel die Kerne herauskratzen, mif einem Kartoffel-Ausstecher runde Bällchen aus dem Fruchtfleisch formen,
4 halbweiche Sharonfrüchte	putzen, waschen, abtrocknen, vierteln, in dünne Scheiben schneiden, für die Eierkuchen
200 ml Milch mit	
4 schwach gehäuften Eßl.	
Weizenmehl	
2 mittelgroßen Eiern	
Salz	verrühren, einige Zeit stehenlassen,
2 Eßl. Speiseöl	in einer beschichteten Pfanne erhitzen, den Teig nacheinander in vier Portionen hineingeben, beidseitig goldgelb backen, die 4 Eierkuchen auf 4 vorgewärmte Teller geben, warm stellen,
2 Packungen	
körnigen Frischkäse	
mit Äpfeln (je 200 g)	mit einer Gabel etwas auflockern, gleichmäßig auf je eine Eierkuchenhälfte streichen, Melonenkugeln und Sharonfruchtstücke darauf anrichten, mit
2 Eßl. feingehackten	
Pistazienkernen	bestreuen.

Apfel-Beignets

ohne Abbildung

1 Becher (150 g) Crème fraîche	anschlagen,
2 Eigelb	mit
1 Teel. Zucker	
1–2 Eßl. Weinbrand	unterschlagen
65 g Weizenmehl	sieben, unterrühren,
2 Eiweiß	steif schlagen, unter den Teig heben,
4–6 Äpfel	schälen, das Kerngehäuse mit einem Apfelausstecher ausstechen, die Äpfel in etwa 1 cm dicke Scheiben schneiden, die Apfelscheiben durch den Teig ziehen, in
siedendes Ausbackfett	geben, hellbraun backen, gut abtropfen lassen, in einem
Zimt-Zucker-Gemisch	wälzen.
Beilage:	Vanille- oder Vanille-Creme-Soße oder geschlagene Sahne.

UNSER TIP

Beignets sind französische Krapfen. Früchte oder Fleischstücke werden in einen Ausbackteig getaucht und schwimmend in Fett ausgebacken. Frucht-Beignets werden in Zucker, der eventuell mit Zimt, Vanille oder Zitrone gewürzt ist, gewendet.

Schaumomelett

	Für die Füllung
250 g entsteinte Sauerkirschen (aus dem Glas)	abtropfen lassen, von dem Kirschsaft 250 ml (1/4 l) abmessen (eventuell mit Wasser ergänzen),
25 g Speisestärke	mit 4 Eßl. von dem Kirschsaft anrühren, den übrigen Saft zum Kochen bringen, mit der Speisestärke binden, die Kirschen unterrühren, kalt stellen, für das Omelett
3 Eigelb	mit
1 1/2 Eßl. Zitronensaft	
30 g Zucker	schaumig schlagen,
3 Eiweiß	steif schlagen, mit
1 Teel. Speisestärke	unter die Eigelbcreme heben,
Butter	in einer nicht zu kleinen Stielpfanne zerlassen, den Teig hineingeben (eventuell 2 Omeletts backen), Pfanne mit einem Deckel schließen, die Masse langsam gerinnen lassen, die untere Seite des Omeletts muß bräunlich gebacken sein, die obere Seite muß weich bleiben, die Füllung auf das Omelett geben, zusammenklappen, auf einer vorgewärmten Platte anrichten.
Backzeit:	Etwa 10 Minuten

Bunte Blätterteigschnitten

300 g tiefgekühlte Blätterteigplatten	nebeneinander auf eine leicht mit
Weizenmehl	bestäubte Arbeitsfläche legen, auftauen lassen, mit
Wasser	bestreichen und auf ein mit kaltem Wasser abgespültes Backblech legen, in den vorgeheizten Backofen schieben.
Strom:	Etwa 225, Gas: 4–5
Backzeit:	10–12 Minuten
	Die gebackenen Blätterteigplatten abkühlen lassen, jede Platte in 2 Stücke schneiden und jedes Teil quer durchschneiden, die unteren Teile mit folgender Füllung bestreichen:
5 Blatt weiße Gelatine	in
kaltem Wasser	einweichen, gut ausdrücken, in
3 cl heißem Orangensaft	unter Rühren auflösen, abkühlen lassen,
1 Mango, 1 Banane	schälen, die Mango halbieren, entsteinen, würfeln, die Banane in Scheiben schneiden,
200 g Beerenfrüchte	vorsichtig waschen, abtropfen lassen,
200 ml Schlagsahne	steif schlagen, mit
50 g Zucker	süßen, nach und nach unter die lauwarme Gelatine ziehen, die Früchte unterheben, einige zum Garnieren zurückbehalten, die bestrichenen Blätterteigstücke mit den oberen Blätterteigstücken bedecken, mit dem zurückbehaltenen Obst garnieren.

Fruchtige Knusperplätzchen

ohne Abbildung

50 g ungeschwefelte Rosinen	grob hacken, in
3 Eßl. Rum	einlegen,
100 g Butter	cremig rühren,
150 g braunen Rohrzucker	
1 Päckchen Vanillin-Zucker	
1 Ei	
1 Prise Salz	hinzufügen, schaumig rühren,
40 g Sonnenblumenkerne	
40 g getrocknete Aprikosen	grob hacken, die Rosinen, die Sonnenblumenkerne und die Aprikosen in die Buttermasse geben,
100 g Weizenmehl	
1/2 Teel. Backpulver	mischen, über die Butter-Frucht-Masse sieben, zusammen mit
40 g feinen Haferflocken	unterheben, ein Backblech mit Backtrennpapier belegen, mit zwei Teelöffeln die Masse in Häufchen auf das Papier setzen, dabei einen genügend großen Abstand lassen, im vorgeheizten Backofen bei Strom: 200, Gas: 3–4 etwa 10 Minuten backen, bis die Plätzchen zerlaufen und leicht gebräunt sind, noch heiß vom Papier lösen, auf einem Kuchengitter auskühlen lassen.

UNSER TIP

Das im Rezept verwendete Obst kann je nach Jahreszeit abgewandelt werden. So lassen sich Bananen, Erdbeeren und Himbeeren oder Bananen, Pflaumen und Brombeeren oder auch Orangen, Bananen und Weintrauben kombinieren.

UNSER TIP

Trockenfrüchte lassen sich am besten mit einem langen, schweren Kochmesser würfeln. Dann leicht mit Mehl bestäubt zum Teig geben und unterrühren.

Ceylonesischer Liebeskuchen

200 g Cashewkerne	und
175 g ungeschälte Mandeln	durch die Mandelmühle drehen,
6 Eigelb	mit
100 g Zucker	
100 g gesiebtem Puderzucker	dickschaumig aufschlagen, die gemahlenen Cashewkerne und Mandeln mit
Saft und Schale von 1 unbehandelten Zitrone	
2 Eßl. Rosenwasser	
1/2 Teel. gemahlenem Koriander	
1 Teel. gemahlenem Zimt	
1 Messerspitze Nelkenpulver	
Salz	hinzufügen, mit einem Handrührgerat mit Rührbesen auf mittlerer Stufe verrühren,
6 Eiweiß	mit
Salz	sehr steif schlagen, abwechselnd mit
250 g Weichweizengrieß	locker unter den Teig heben, zum Schluß
125 g Rosinen	
1 gestrichenen Teel. Backpulver	unterheben, den Teig auf ein gefettetes, mit Back-Trennpapier belegtes Backblech geben, glattstreichen, das Backpapier an der offenen Seite des Blechs zur Falte knicken, damit der Teig nicht herausfließt, das Blech in den vorgeheizten Backofen schieben.
Strom:	Etwa 175
Gas:	2–3
Backzeit:	Etwa 40 Minuten
	Für den Guß
250 g gesiebten Puderzucker	mit
3 Eßl. Orangensaft	
einigen Tropfen Rumaroma	verrühren, den gebackenen, noch heißen Kuchen damit bestreichen, mit
Rosinen	garnieren, in Rechtecke oder Rhomben schneiden, erkalten lassen.

UNSER TIP

Cashew-Kerne sind die geschälten und enthäuteten Samen der Cashew-Nuß. Ihr Geschmack ist mandelartig und etwas süßlich, im Falle einer Röstung aromatisch.

Sesamstäbchen

150 g Sesamsaat	ohne Fett unter Rühren in der Pfanne goldgelb rösten, kalt stellen,
80 g weiche Butter	mit einem Handmixer mit Rührbesen auf höchster Stufe geschmeidig rühren,
150 g flüssigen Honig **abgeriebene Schale von 1 unbehandelten Zitrone** **1/2 Teel. gemahlenen Zimt** **Meersalz** **1/2 Teel. gemahlenen Kardamom** **1/2 Teel. gemahlene Nelken**	unterrühren, so lange rühren, bis eine gebundene Masse entstanden ist,
1 Ei	in etwa 1/2 Minute unterrühren,
50 g Gerstenmehl **100 g Weizenvollkornmehl**	mischen, eßlöffelweise auf mittlerer Stufe unterrühren, zum Schluß die geröstete Sesamsaat untermischen, den Teig etwa 1 Stunde abgedeckt ruhen lassen, danach auf ein gefettetes Backblech streichen, mit
3 Eßl. Sesamsaat	bestreuen, das Backblech in den vorgeheizten Backofen schieben.
Strom:	175–200, Gas: 2–3
Backzeit:	13–18 Minuten. Die noch warme Teigplatte in Stäbchen von 3 x 5 cm schneiden.

Eiserkuchen

125 g Butter	zerlassen, kalt stellen,
250 g Zucker **1 Päckchen Vanillin-Zucker**	in das wieder etwas fest gewordene Fett geben, so lange rühren, bis Butter und Zucker weißschaumig geworden sind, dann nach und nach
2 Eier	hinzugeben,
250 g Weizenmehl	sieben, abwechselnd mit
500 ml (1/2 l) Milch	unterrühren, den Teig in nicht zu großer Menge in ein gut erhitztes, mit
Speckschwarte oder etwas Speiseöl	gefettetes Eiserkucheneisen füllen, von beiden Seiten goldbraun backen, die Blättchen schnell aus dem Eisen lösen, noch heiß zu Röllchen oder Tüten wickeln.
	Für die Füllung
250 ml Schlagsahne	steif schlagen, mit
Zucker **Vanillin-Zucker**	süßen, in einen Spritzbeutel mit gezackter Tülle füllen, in die Eiserkuchentüten spritzen, mit
Erdbeeren	garnieren.

Braunschweiger Butterbrezeln

375 g Weizenmehl **1 Päckchen Trocken-Backhefe**	in eine Rührschüssel sieben, mit sorgfältig vermischen,
100 g Zucker **1 Päckchen Vanillin-Zucker** **Salz** **1 Ei** **125 ml (1/8 l) lauwarme Milch** **50 g zerlassene, abgekühlte Butter oder Margarine**	hinzufügen, die Zutaten mit einem Handrührgerät mit Knethaken zunächst auf niedrigster, dann auf höchster Stufe in etwa 5 Minuten verarbeiten, zum Schluß
250 g weiche Butter	stückchenweise unterarbeiten, den Teig im Kühlschrank durchkühlen lassen,
1 Packung tiefgekühlten Blätterteig (300 g)	abgedeckt bei Zimmertemperatur auftauen lassen, den Hefeteig zu einem Rechteck (40 x 30 cm) ausrollen, 3 Blätterteigplatten auf eine Teighälfte legen, die andere Teighälfte darüberklappen, den Teig so ausrollen, daß die restlichen 2 Blätterteigplatten wieder eine Teighälfte bedecken, die andere Teighälfte darüberklappen, etwas andrücken, mindestens 1 Stunde kühl stellen,
	den Teig zu einem Rechteck (55 x 30 cm) ausrollen, in etwa 1 1/2 cm breite Streifen schneiden, die Teigstreifen spiralförmig drehen, zu Brezeln schlingen, auf ein gefettetes Backblech legen, nochmals 15 Minuten bei Zimmertemperatur ruhen lassen, bis sich die Brezeln sichtbar vergrößert haben,
1 Eigelb	mit
1 1/2–2 Eßl. Kondensmilch	verrühren, die Brezeln damit bestreichen, mit
etwa 25 g abgezogenen, gehackten Mandeln **25 g Hagelzucker**	bestreuen, das Backblech in den vorgeheizten Backofen schieben
Strom:	200–225
Gas:	4–5
Backzeit:	Etwa 15 Minuten
	Die Brezeln vor dem Servieren nach Belieben mit
Puderzucker	bestäuben.

Mascarpone-Heidelbeer-Torte

ohne Abbildung

500 g Mascarpone	mit
80 g Zucker	und dem
Saft von 1 Zitrone	zu einer glatten Creme rühren,
500 g Heidelbeeren	verlesen, waschen, gut abtropfen lassen, die Mascarpone-Masse auf
kleine oder einen großen Biskuit-Obsttortenboden (fertig gekauft)	streichen, die Heidelbeeren gleichmäßig darüber verteilen,
3–4 Eßl. Hagelzucker	darüber streuen.

Ananas-Krokant-Pralinen

ohne Abbildung

200 g Vollmilch-Kuvertüre	in einem kleinen Topf im Wasserbad bei schwacher Hitze zu einer geschmeidigen Masse verrühren,
200 g Krokant	unterrühren, mit 2 Teelöffeln kleine Häufchen auf Backpapier setzen, mit
60 g kandierten Ananasstückchen	garnieren, diese vorher nach Belieben in
30 g geschmolzene Zartbitter-Kuvertüre	tauchen.

Pecan-Hörnchen

ohne Abbildung

300 g Weizenmehl	auf die Arbeitsfläche sieben, in der Mitte eine Vertiefung eindrücken,
125 g kalte Butter	in kleinen Stücken auf das Mehl verteilen,
20 g Frischhefe	in
4 Eßl. kalter Milch	unter Rühren auflösen, in die Vertiefung geben,
40 g Zucker, 1 Eigelb	dazugeben, von der Mitte aus alle Zutaten schnell zu einem glatten Teig verkneten, 30 Minuten in den Kühlschrank legen, für die Füllung
30 g Butter	mit
50 g Zucker	cremig schlagen,
150 g grob gemahlene Pecannüsse	mit
3 Eßl. Schlagsahne	
1 Teel. Zitronensaft	
1 Messerspitze abgeriebener Schale von 1 unbehandelten Zitrone	
1 Messerspitze gemahlenem Zimt	vermengen, den Teig etwa 1/2 cm dick ausrollen, mit einem Teigrädchen Quadrate von 10 x 10 cm Größe rädern, diese jeweils mit etwas von der Nußfüllung bestreichen, dabei die Teigränder frei lassen, zu Hörnchen formen, die Hörnchen auf ein mit Backpapier ausgelegtes Backblech setzen,
1 Ei	verschlagen, die Hörnchen damit bestreichen, etwa 20 Minuten bei Zimmertemperatur stehenlassen, jedes Hörnchen mit einer von
12 Pecannuß-Hälften	belegen, das Backblech in den vorgeheizten Backofen schieben.
Strom:	Etwa 200, Gas: 3–4
Backzeit:	Etwa 20 Minuten

Praliné-Würfel mit Amarena-Kirschen

150 g Nougatmasse	mit
2 Eßl. Armagnac	cremig rühren, mit
3 Eigelb	schaumig schlagen,
250 ml (1/4 l) Schlagsahne	steif schlagen, mit der Nougatmasse,
1 Teel. Zimt	vermengen, in eine Kastenform geben, einfrieren, die Form kurz in heißes Wasser tauchen, stürzen, das Eis in 2 cm große Würfel schneiden, in Pralinen-Förmchen setzen, mit
Amarena-Kirschen	
Schlagsahne	verzieren.

Erdbeer-Konfekt

ohne Abbildung

500 g Erdbeeren	vorsichtig waschen, trockentupfen,
100 g Zartbitter-Schokolade	mit
Kokosfett	in einem kleinen Topf im Wasserbad geschmeidig rühren, die Erdbeeren zur Hälfte hineintauchen, zum Trocknen auf Pergamentpapier setzen.

Fürst-Pückler-Eisschnitten

	Für den Teig
1 Ei	mit
1 Eßl. warmem Wasser	schaumig schlagen, nach und nach
40 g Zucker	
1 Päckchen Vanillin-Zucker	hinzugeben, so lange schlagen, bis eine cremeartige Masse entstanden ist,
30 g Weizenmehl	mit
20 g Speisestärke	
1 Messerspitze Backpulver	mischen, sieben, vorsichtig unter die Eicreme ziehen (nicht rühren), den Teig auf ein mit Pergamentpapier belegtes Backblech in der Größe von 32 x 11 cm streichen, an der offenen Seite des Backblechs das Papier unmittelbar vor dem Teig zu einer Falte knicken, so daß ein Rand entsteht, backen.
Strom:	200–225, Gas: 3–4
Backzeit:	Etwa 12 Minuten. Sofort nach dem Backen den Biskuit auf ein mit Zucker bestreutes Papier stürzen, das Pergamentpapier mit kaltem Wasser bestreichen, vorsichtig, aber schnell abziehen, für die Füllung
250 g Sahne	1/2 Minute schlagen,
25 g Puderzucker	sieben, mit
1 Päckchen Sahnesteif	mischen, unter ständigem Schlagen einstreuen, die Sahne steif schlagen, den erkalteten Biskuit in 2 Streifen von 11 x 16 cm schneiden, den einen Streifen mit knapp 1/3 der Schlagsahne bestreichen,
1 Haushaltspackung Fürst-Pückler-Eis	darauflegen, ebenfalls mit knapp 1/3 der Schlagsahne bestreichen, den anderen Gebäckstreifen darauflegen, das ganze Gebäck mit der restlichen Sahne bestreichen, die obere Seite mit
grob geraspelter Schokolode	bestreuen, das Gebäck einige Stunden in das Gefrierfach des Kühlschranks stellen.

UNSER TIP

Besonders kleine Gebäckteile sehen sehr fein auf einem mit dunkler Kuvertüre besprenkeltem Teller aus. Für den Kindergeburtstag auf die Teller der Gäste mit rosa oder grünem Puderzuckerguß die Namen spritzen. Auf den Rand der Teller mit dem restlichen Guß Zuckerfiguren und -blüten kleben.

UNSER TIP

Fürst Pückler war Schriftsteller – geboren 1785 in Muskau , gestorben in der Nähe von Cottbus 1871. Die Parkanlagen seines Schlosses Branitz in Muskau erlangten Weltruf. Das nach ihm benannte Eis besteht aus 3 Schichten Sahneeis: 1. mit Makronen und Maraschino vermischt, 2. mit Erdbeermark, 3. mit geriebener Schokolade. Das im Handel erhältliche Fürst-Pückler-Eis besteht aus Vanille-, Erdbeer- und Schokoladeneis.

UNSER TIP

Die Dampfnudeln können nach Belieben mit Pflaumenmus oder Marmelade gefüllt werden. Dafür werden die Teigstücke etwas flachgedrückt, die Füllung daraufgegeben, die Teigenden über der Füllung gedrückt und zu einer Kugel geformt.

UNSER TIP

Eng verwandt mit dem Weizen ist der Dinkel. Weil er besonders viel Klebereiweiß enthält, wird er auch gern zur Brotherstellung eingesetzt. Die Vollwertkost verwendet ihn zum Backen von Brot und Gebäck, da der Dinkel neben dem Klebereiweiß auch noch viele Vitamine und Mineralstoffe enthält. Halbreife Körner des Dinkel nennt man Grünkern.

Dampfnudeln

350 g Weizenmehl in eine Schüssel sieben, mit
1 Päckchen Trocken-Backhefe sorgfältig vermischen,
50 g Zucker
1 Päckchen Vanillin-Zucker
50 g zerlassene, lauwarme Butter
1 Ei
Salz
150 ml lauwarme Milch hinzugeben, mit einem Handrührgerät mit Knethaken zuerst auf niedrigster, dann auf höchster Stufe in etwa 5 Minuten zu einem Teig verarbeiten, den Teig an einem warmen Ort so lange stehenlassen, bis er etwa doppelt so hoch ist, ihn dann gut durchkneten,
250 ml (1/4 l) Milch mit
10 g Butter in einen Brottopf geben, den Teig zu einer Rolle formen, diese in 8 gleichmäßige Stücke schneiden, zu Klößchen formen, nebeneinander – nicht zu dicht – in die Milch setzen, die Dampfnudeln an einem warmen Ort so lange gehen lassen, bis sie etwa doppelt so hoch sind, den Topf zudecken, die Milch zum Kochen bringen, die Dampfnudeln bei schwacher Hitze 20–25 Minuten kochen lassen.

Englische Teeschnitten

ohne Abbildung

Für den Teig
250 g Butter geschmeidig rühren, nach und nach
175 g Zucker
1 Päckchen Vanillin-Zucker
5 Eier
2 Eßl. Rum unterrühren,
250 g Weizenmehl mit
1 gestrichenen Teel. Backpulver mischen, sieben, eßlöffelweise unterrühren,
125 g Korinthen hinzufügen,
den Teig auf ein gut gefettetes Backblech streichen,

für den Belag
100 g gehobelte Mandeln
2 Eßl. Grümmel auf dem Teig verteilen, das Backblech in den vorgeheizten Backofen schieben.
Strom: 175–200
Gas: 3–4
Backzeit: Etwa 25 Minuten
Das Gebäck noch warm in beliebig große Schnitten schneiden, erkaltet in einer Dose aufbewahren.

Julies kerniger Apfelkuchen

Für den Teig
200 g Dinkelweizen fein mahlen,
2 gestrichene Eßl. von der obersten Schicht abnehmen, für den Guß beiseite stellen, das übrige Mehl mit
3 Eßl. Sukkanat (aus dem Reformhaus)
2 Messerspitzen Zimt mischen,
80 g kalte Butter in Flöckchen darüber verteilen, mit dem Handrührgerät mit Knethaken gleichmäßig verkrümeln,
1 Ei hinzufügen,
die Zutaten zu einem glatten Teig verarbeiten, zugedeckt etwa 30–60 Minuten kaltstellen, den Teig ausrollen, eine gut eingefettete Springform mit dem Teig auslegen, mit einer Gabel mehrmals einstechen, in den vorgeheizten Backofen schieben, vorbacken
Strom: 200
Gas: 3–4
Backzeit: 10–20 Minuten
Für die Füllung
500 g mürbe, säuerliche Äpfel schälen, vierteln, entkernen, in dünne Scheiben schneiden, den vorgebackenen Boden damit kreisfrömig dicht belegen, mit
1 Eßl. Zitronensaft beträufeln, in den Backofen schieben.
Strom: 200
Gas: 3–4
Backzeit: 10–12 Minuten
Von
2 Eiern die Eiweiße steif schlagen, von
2 Eßl. Honig 1 Eßl. langsam hineinlaufen lassen, zu einer festen Schaummasse schlagen, die Eigelbe unterrühren, das zurückbehaltene Mehl darüberstäuben,
abgeriebene Schale von 1/2 unbehandelten Zitrone darübergeben, die Zutaten vorsichtig mischen, die Schaummasse über die Äpfel verteilen, den Kuchen nochmals in den Backofen schieben, nochmals etwa 15 Minuten backen, bis die Oberfläche goldgelb ist,
60 g Sonnenblumenkerne in einer beschichteten Pfanne ohne Fett unter Wenden leicht rösten, den restlichen Honig in einer Pfanne zerlassen, die Sonnenblumenkerne darin wenden,
10 g Butter
1 Messerspitze gemahlene Vanille unterrühren, die Masse auf dem Kuchen verteilen, für 3 Minuten in den ausgeschalteten Backofen schieben, den Apfelkuchen auf einem Kuchenrost etwa 2—3 Minuten abkühlen lassen, den Springformrand entfernen, erkalten lassen.
100 ml Schlagsahne mit
3 Messerspitzen Zimt steif schlagen, den Kuchen mit Sahnetupfen garnieren.

UNSER TIP

Sukkanat ist der frisch gepreßte und getrocknete Pflanzensaft des Zuckerrohrs. Es enthält die verschiedenen Zuckerarten, Mineralstoffe und Vitamine des Zuckerrohrmarkes.

Jetzt stehen in reicher Fülle Äpfel, Pflaumen, Birnen und die ersten Walnüsse als Belag für saftige Blechkuchen, als Füllung für gedeckte Kuchen, Torten und Rollen zur Verfügung. Und geschmacklich vollendet werden sie durch verschiedene Güsse, Streusel, Mandeln oder geröstete Nußkerne.
Tip: Viele Blechkuchen eigenen sich hervorragend zum Einfrieren, als Bevorratung für den Winter.

UNSER TIP

Anstelle von Äpfeln können auch Birnen für die Füllung verwendet werden. Die Birnen werden ebenfalls geschält, geviertelt und in Stücke geschnitten und je nach Säuregehalt mit etwa 50 g Zucker gedünstet.

UNSER TIP

Die Schneeflockentorte kann am Tag vor dem Verzehr zubereitet werden, so entfaltet sie – etwas durchgezogen – ihr volles Aroma. Die Kokosraspeln werden erst kurz vor dem Servieren aufgestreut, damit sie bißfest bleiben.

Apfel-Mohn-Kuchen

	Für den Teig
200 g Weizenmehl	mit
1 gestrichenen Teel. Backpulver	mischen, in eine Rührschüssel sieben,
125 g Zucker	
1 Päckchen Vanillin-Zucker	
1/2 Eigelb	
1 Eiweiß	
125 g weiche Butter	hinzufügen, die Zutaten mit einem Handrührgerät mit Knethaken zunächst kurz auf niedrigster, dann auf höchster Stufe gut durcharbeiten,
150 g gemahlene, leicht geröstete Haselnußkerne	unterheben, den Teig auf der Tischplatte gut verkneten, sollte er kleben, den Teig eine Zeitlang kalt stellen, für die Mohnfüllung
250 g frisch gemahlenen Mohn	mit
150 ml heißer Milch	
50 g Butter	gut verrühren, etwa 15 Minuten zum Quellen stehenlassen, kalt stellen,
	für die Apfelfüllung
etwa 1 kg Äpfel (z. B. Boskop)	schälen, vierteln, entkernen, in sehr kleine Stücke schneiden, mit
75 g Zucker	
1 Messerspitze gemahlenem Zimt	unter Rühren leicht dünsten lassen, kaltstellen, knapp 1/3 des Teiges dünn ausrollen, mit einer runden, am Rand gewellten Form (Ø etwa 3 cm) Plätzchen ausstechen, beiseite legen, gut die Hälfte des restlichen Teiges auf dem gefetteten Boden einer Springform (Ø 28 cm) ausrollen, den Rest des Teiges zu einer Rolle formen, sie als Rand auf den Teigboden legen, so an die Form drücken, daß ein etwa 3 cm hoher Rand entsteht, unter die abgekühlte Mohnmasse
1 Päckchen Soßenpulver Vanillegeschmack	
125 g Zucker	
1 Ei	rühren, auf den Teigboden streichen, die erkaltete Apfelfüllung gleichmäßig darauf verteilen, mit den Teigplätzchen belegen,
1/2 Eigelb	mit
1 Teel. Milch	verschlagen, die Teigplätzchen damit bestreichen, die Form auf dem Rost in den vorgeheizten Backofen schieben.
Strom:	175–200, Gas: 3–4
Backzeit:	Etwa 40 Minuten

Schneeflockentorte

	Für den Teig
125 g weiche Butter	mit einem Handrührgerät mit Schneebesen auf höchster Stufe in etwa 1/2 Minute geschmeidig rühren, nach und nach
125 g Zucker	
1 Päckchen Vanillin-Zucker	
Salz	unterrühren, so lange rühren, bis eine gebundene Masse entstanden ist, nach und nach
4 Eier	unterrühren (jedes Ei etwa 1/2 Minute),
100 g Weizenmehl	mit
1 gestrichenen Teel. Backpulver	mischen, sieben, eßlöffelweise auf mittlerer Stufe unterrühren,
60 g hellbraun geröstete Kokosraspeln	unterrühren, den Teig in eine gefettete Springform (Durchmesser etwa 28 cm) füllen, glattstreichen, die Form auf dem Rost in den vorgeheizten Backofen schieben.
Strom:	Etwa 175
Gas:	Etwa 3
Backzeit:	Etwa 30 Minuten. Den erkalteten Boden einmal durchschneiden,
	für die Füllung den unteren Boden mit
3 Eßl. Himbeer- oder Sauerkirschkonfitüre	bestreichen,
500 ml (1/2 l) Schlagsahne	1/2 Minute schlagen,
1 Päckchen Vanillin-Zucker	
2 Päckchen Sahnesteif	einstreuen, die Sahne steif schlagen, gut die Hälfte der Schlagsahne auf den unteren Tortenboden streichen, mit dem oberen Tortenboden bedecken, die Torte mit der restlichen Schlagsahne bestreichen, mit
40–50 g Kokosraspeln	ganz einstreuen, kurz vor dem Servieren mit
gesiebtem Puderzucker	bestäuben.

Kanadischer Apfelkuchen

Abbildung S. 72/73

	Für den Teig
150 g Magarine	mit einem Handrührgerät mit Rührbesen auf höchster Stufe in etwa 1/2 Minute geschmeidig rühren, nach und nach
75–100 g Ahornsirup	
Mark aus 1 Vanillestange oder abgeriebene Schale von 1/2 Zitrone (unbehandelt)	
Meersalz	unterrühren, so lange rühren, bis eine gebundene Masse entstanden ist,
3 Eier	nach und nach unterrühren (jedes Ei etwa 1/2 Minute)
50 g Dinkel oder Weizen, fein gemahlen	mit
1 gehäuften Teel. Backpulver	mischen, mit
125 g feinen Haferflocken	vermengen, eßlöffelweise auf mittlerer Stufe unterrühren, 2/3 des Teiges in eine gut gefettete Spring- oder Pieform (Durchmesser etwa 28 cm) geben, glattstreichen,
600–750 g mürbe Äpfel	schälen, vierteln, entkernen, in kleine Stücke schneiden, auf dem Teig verteilen,
50 g Sultaninen	darüberstreuen, den restlichen Teig mit Hilfe von 2 Teelöffeln in Häufchen auf den Äpfeln verteilen, mit
50 g Butterflöckchen	belegen
40 g abgezogene, gehobelte Mandeln	darüberstreuen, die Form auf dem Rost in den vorgeheizten Backofen schieben
Strom:	175–200
Gas:	3–4
Backzeit:	50–60 Minuten.
Beigabe:	Geschlagene Sahne mit 1 Eßl. Ahornsirup gesüßt.

UNSER TIP

Trockenhefen haben gegenüber der Frischhefe den Vorteil, daß sie sofort in das Mehl eingerührt werden können, d. h. ein Ansetzen der Hefe mit Flüssigkeit entfällt. Eine Ausnahme bildet der sehr zutatenreiche Stollen.

Zwetschenkuchen mit Quark

Etwa 20 Stücke

	Für den Teig
400 g Weizenmehl	in eine Schüssel sieben, mit
1 Päckchen Trocken-Backhefe	sorgfältig vermischen,
50 g Zucker **Salz** **1 Ei** **250 ml (1/4 l) lauwarme Milch** **50 g zerlassene, abgekühlte Butter**	hinzufügen, die Zutaten mit einem Handrührgerät mit Knethaken zunächst auf niedrigster, dann auf höchster Stufe in etwa 5 Minuten zu einem Teig verarbeiten, den Teig so lange an einem warmen Ort stehenlassen, bis er sich sichtbar vergrößert hat, ihn aus der Schüssel nehmen, auf der Tischplatte nochmals durchkneten,
	für den Belag
2 kg Zwetschen	waschen, abtrocknen, längs halbieren, entsteinen,
500 g Magerquark	mit
200 ml (1/5 l) Kaffeesahne **4 Eiern** **75 g braunem Zucker** **1 Päckchen Vanillin-Zucker** **einigen Tropfen Arrak-Aroma** **Saft und abgeriebener Schale von 1 unbehandelten Zitrone**	verrühren, ein Backblech ausfetten, den Teig darauf geben, ausrollen, vor den Teig einen mehrfach umgeknickten Streifen Alufolie legen, die Zwetschen auf dem Teig verteilen, die Quarkmasse darüber geben, glattstreichen, das Backblech in den vorgeheizten Backofen schieben.
Strom:	175–200
Gas:	Etwa 3
Backzeit:	Etwa 50 Minuten
	Den etwas abgekühlten Kuchen mit
Puderzucker	bestäuben.
Beigabe:	Geschlagene Sahne

Herren-Schokoladenkuchen

125 g verlesene Korinthen	in
4 Eßl. Rum	einige Stunden einweichen,
100 g gemahlene Mandeln	ohne Fett in einer Pfanne rösten, für den Teig
250 g weiche Butter	mit einem Handrührgerät mit Rührbesen auf höchster Stufe geschmeidig rühren,
250 g Zucker	nach und nach mit
1 Päckchen Vanillin-Zucker	unterrühren, bis eine gebundene Masse entstanden ist,
4 Eier	nach und nach unterrühren,
200 g Weizenmehl	mit
50 g Speisestärke	
15 g Kakao	
1 gestrichenen Teel. Backpulver	mischen, sieben, eßlöffelweise auf mittlerer Stufe unter den Teig rühren,
75 g abgezogene, gehackte Mandeln	mit den gerösteten Mandeln und Korinthen vorsichtig auf mittlerer Stufe unter den Teig rühren, den Teig in einer gefetteten, mit Pergamentpapier ausgelegten Kastenform backen.
Strom:	Etwa 175, Gas: 2–3
Backzeit:	65–85 Minuten Den erkalteten Kuchen mit
Puderzucker	bestäuben.

Fruchthäufchen

ohne Abbildung

200 g weiche Butter	geschmeidig rühren, nach und nach
125 g Zucker	
2 Päckchen Vanillin-Zucker	
2 Eigelb	
abgeriebene Schale von 1 unbehandelten Zitrone	hinzufügen,
250 g Weizenmehl	sieben, abwechselnd eßlöffelweise mit
2 Eßl. Milch	unterrühren, zuletzt
100 g abgezogene, gestiftelte Mandeln	
100 g verlesene Rosinen	
100 g feingewürfeltes Zitronat (Sukkade)	
50 g feingewürfeltes Orangeat	unterheben, die Teighäufchen auf ein gefettetes Backblech setzen, in den vorgeheizten Backofen schieben.
Strom:	175–200
Gas:	3–4
Backzeit:	15–20 Minuten

UNSER TIP

Korinthen sind luftgetrocknete rötlichblaue bis violettschwarze abgestreifte, kernlose Beeren einer Abart der Weinrebe. Eingeführt werden sie vorwiegend aus Griechenland. Als Backzutaten weden sie wie Rosinen verwendet.

Torte Washington

Für den Teig

150 g frische Erdnußkerne schälen, die roten Kernhäutchen entfernen, fein mahlen, mit

175 g Weizenvollkornmehl
50 g braunem Zucker
1 Prise Salz
1 Ei
100 g Butter zu einem Mürbeteig verkneten, eine Springform von 26 cm Ø damit auskleiden, einen etwa 4 cm hohen Rand formen, die Form mit dem Teig kurze Zeit kühlstellen, bei Strom: 200, Gas: 3–4 etwa 15 Minuten vorbacken, für den Belag

750 g Zwetschen waschen, halbieren, entsteinen, auf dem Tortenboden verteilen,

1 Eßl. Honig mit

2 Eßl. Zitronensaft verrühren, die Zwetschen damit bestreichen, die Torte 30 Minuten backen,

2 Eiweiß mit 1 Eßl. von

80 g braunem Zucker steif schlagen, den restlichen braunen Zucker und

75 g fein gemahlene Erdnüsse nach und nach unter die Eiweißmasse schlagen, das Erdnußbaiser dekorativ auf den Zwetschen verteilen, die Torte bei Strom: 225, Gas: 4 etwa 5 Minuten backen, bis das Baiser goldgelb ist.

Kartoffeltorte

250 g Kartoffeln waschen, in

Salzwasser zum Kochen bringen, zugedeckt etwa 30 Minuten kochen lassen, abgießen, abdämpfen, etwas abkühlen lassen, noch warm pellen, die Kartoffeln zugedeckt in einer Schüssel etwa 12 Stunden stehenlassen, fein reiben,

50 g Rosinen verlesen, in eine Schüssel geben, mit

4 cl Rum beträufeln, etwa 1 Stunde ziehen lassen,

6 Eigelb schaumigschlagen, nach und nach

150 g Zucker
abgeriebene Schale von 1 unbehandelten Zitrone
50 g feingewürfeltes Zitronat (Sukkade) dazugeben, die geriebenen Kartoffeln und die gut abgetropften Rosinen unterrühren,

6 Eiweiß steif schlagen, vorsichtig unterheben, den Teig in eine gefettete, mit

Semmelmehl ausgestreute Springform (Durchmesser etwa 24 cm) füllen, glattstreichen, die Form auf dem Rost in die Mitte des vorgeheizten Backofens schieben.

Strom: 180–200, Gas: 3–4
Backzeit: Etwa 1 Stunde

	Nach dem Backen die Torte etwa 5 Minuten in der Form stehenlassen, den Rand mit einem Messer lösen, die Torte auf einen Kuchenrost stürzen, den Boden der Form abheben, die Torte mit
Puderzucker	bestäuben.

Mohnkränzchen

ohne Abbildung

175 g Butter	geschmeidig rühren, nach und nach
100 g Zucker	
1 Päckchen Vanillin-Zucker	
1 Ei	hinzugeben,
175 g Weizenmehl	mit
75 g Speisestärke	mischen, mit
100 g gemahlenem Mohn	eßlöffelweise unterrühren, den Teig in einen Spritzbeutel mit gezackter Tülle füllen, Ringe (Durchmesser etwa 4 cm) auf ein Backblech spritzen, in den vorgeheizten Backofen schieben.
Strom:	175–200, Gas: 3–4
Backzeit:	Etwa 10 Minuten

Pflaumentorte

250 g kernlose Backpflaumen	in kleine Würfel schneiden,
125 ml Rotwein	
60 ml Weinbrand	darübergießen, einige Stunden ziehen lassen, die gewürzten Pflaumen sollten die gesamte Flüssigkeit aufnehmen,
300 g frische Pflaumen	waschen, entsteinen, in
etwas Weißwein	kurz dünsten,
125 g Butterschmalz	mit
125 g braunem Zucker	schaumigrühren,
2 Eier	nach und nach einzeln unterrühren,
125 g Weizenmehl	mit
1 Teel. Backpulver	
1 Prise Salz,	
1/2–1 Teel. Zimt	mischen, unter die geschlagene Butterschmalzmasse rühren, zuletzt mit einem Holzlöffel die Backpflaumen unterheben, die Masse in eine gut gefettete Springform (Ø 18–20 cm) füllen, bei Strom: 170–180, Gas: Etwa 3 50–55 Minuten backen, die gedünsteten Pflaumen dachziegelartig auf dem abgekühlten Kuchen verteilen, mit
Puderzucker	bestäuben.
Beigabe:	Vanilleeis

Thüringer Mohnkuchen

Für den Teig

150 g Speisequark mit
6 Eßl. Milch
6 Eßl. Speiseöl
75 g Zucker
1 Päckchen Vanillin-Zucker verrühren,
300 g Weizenmehl mit
1 Päckchen Backpulver mischen, sieben, die Hälfte davon unterrühren, den Rest des Mehls unterkneten, den Teig auf einem gefetteten Backblech ausrollen,
für den Belag
375 g gemahlenen Mohn in
500 ml (1/2l) Wasser geben, zum Kochen bringen, etwas ausquellen lassen,
2 Päckchen Puddingpulver
Vanille-Geschmack mit
50 g Grieß, 200 g Zucker und 125 ml (1/8 l) von
1 l Milch anrühren, die restliche Milch zum Kochen bringen, das angerührte Puddingpulver einrühren, das Ganze kurz aufkochen,
100 g Rosinen unterrühren, die Masse abkühlen lassen, die Hälfte des Mohns auf den Teig streichen, unter den Rest des Mohns
2 Eigelb rühren,
2 Eiweiß steif schlagen, unterheben, auf die Mohnmasse streichen, backen.
Strom: 175–200, Gas: 3–4
Backzeit: Etwa 30 Minuten

Löffelbiskuits

ohne Abbildung

2 Eier mit
50 g Zucker mit einem Handrührgerät mit Rührbesen auf höchster Stufe in 1 Minute cremig schlagen,
50 g Weizenmehl mit
30 g Speisestärke
1 gestrichenen Teel. Backpulver mischen,
auf die Eiercreme sieben, kurz auf niedrigster Stufe unterrühren,
den Teig in einen Spritzbeutel (mit Lochtülle) füllen, in Form von Löffel-Biskuits (nicht zu groß, Teig geht noch auf) auf ein gefettetes, leicht mit Weizenmehl bestäubtes Backblech spritzen, backen.
Strom: 175–200, Gas: 2–3
Backzeit: Etwa 10 Minuten

UNSER TIP

Die Samen des Mohns werden gemahlen als Füllung für Kuchen und Kleingebäck sowie ungemahlen zum Bestreuen von Brötchen und Käsegebäck verwendet. Mohn sollte nur ganz frisch gemahlen verwendet werden, da gemahlener Mohn schnell ranzig wird.

UNSER TIP

Bei der Zubereitung eines Pieteiges ist es besonders wichtig, daß kaltes Wasser und kalte Butter verwendet werden, damit der Teig beim Backen locker und mürbe aufgehen kann. Verbinden sich Mehl und Butter zu stark, wird der Teig zäh. Besonders zarter Knetteig läßt sich zwischen Klarsichtfolie ohne Zugabe von Mehl dünn und gleichmäßig ausrollen.

Ame... Pie

3 ... e Mitte eine

2 Eßl. k...
150 g k... ... r geben, ... s alle

50 g But...
100 g Hon...
200 g gehackte Pecannußhälften
200 ml Schlagsahne

2 Eßl. Rum ab...
den ... Durchmesser
etwa ... 2/3 des Teiges so
ausrol... Teigfläche den
Springfo...boden rundherum etwas
überragt, den Teig in die Form legen, am
Springformrand etwa 3 cm hochdrücken,
die Pecannuß-Füllung darauf geben, den restlichen Teig zu einer Platte mit dem Durchmesser der Springform ausrollen, auf die Füllung legen, Rand und Teigdecke etwas zusammendrücken, die Teigoberfläche mehrmals mit einer Gabel einstechen, mit

1 verschlagenen Eigelb bestreichen,
16 Pecannußhälften in gleichmäßigen Abständen auf der Teigoberfläche verteilen, eindrücken, die Form auf dem Rost in den vorgeheizten Backofen schieben.

Strom: Etwa 200
Gas: 3–4
Backzeit: 45–55 Minuten,
den Kuchen erkalten lassen,
250 ml (1/4 l) Schlagsahne mit
Vanillin-Zucker steif schlagen,
2 Eßl. Rum unterheben.
Die Schlagsahne zu dem Kuchen reichen.

UNSER TIP

Bei Apfelkuchen sind kleine Prisen von Gewürzen unentbehrlich. Je nach Geschmack lassen sie sich mit Zimt, Nelken, Vanille, Muskat oder Kardamom verfeinern. Apfelaroma, Duft und Geschmacksfülle werden dadurch intensiver.

Feiner Apfelkuchen

	Für den Teig
100–125 g Butter	geschmeidig rühren, nach und nach
125 g Zucker	
2–3 Eier	
4 Tropfen Backöl Zitrone	unterrühren,
200 g Weizenmehl	
2 gestrichene Teel. Backpulver	mischen, sieben, abwechselnd mit
1–4 Eßl. Milch	unterrühren, nur so viel Milch verwenden, daß der Teig schwerreißend vom Löffel fällt, den Teig in eine gefettete Springform (Durchmesser etwa 28 cm, Rand nicht fetten) füllen, glattstreichen,
	für den Belag
500–750 g Äpfel	schälen, vierteln, entkernen, mehrmals der Länge nach einritzen, kranzförmig auf den Teig legen, die Form auf dem Rost in den vorgeheizten Backofen schieben.
Strom:	175–200, Gas: 3–4
Backzeit:	40–50 Minuten
	Zum Aprikotieren
2 Eßl. Aprikosenkonfitüre	durch ein Sieb streichen, mit
1 Eßl. Wasser	verrühren, den Kuchen sofort nach dem Backen damit bestreichen.

Schokoladentorte

ohne Abbildung

250 g zartbittere Schokolade	in kleine Stücke brechen, mit
3 Eßl. Wasser	in einem kleinen Topf mit Wasserbad bei schwacher Hitze zu einer geschmeidigen Masse verrühren, abkühlen lassen, ab und zu durchrühren,
150 g Butter	geschmeidig rühren, nach und nach
125 g Zucker	
1 Päckchen Vanillin-Zucker	
2 Eier, 4 Eigelb	unterrühren,
275 g abgezogene, gemahlene Mandeln	mit
50 g geriebenem Zwieback	
1 Messerspitze Backpulver	mischen, mit der Schokoladenmasse unter den Teig rühren,
4 Eiweiß	steif schlagen, unterheben, den Teig in eine gefettete Springform (Durchmesser etwa 28 cm, Rand nicht fetten) füllen, die Form in den vorgeheizten Backofen schieben.
Strom:	150–175, Gas: 2–3
Backzeit:	60–65 Minuten

Birnenkuchen nach Elsa

	Für den Teig
250 g Weizenmehl	auf die Tischplatte sieben, in die Mitte eine Vertiefung eindrücken,
etwa 3 Eßl. kaltes Wasser **1–2 Eßl. Zucker** **Salz**	hineingeben, mit einem Teil des Mehls zu einem dicken Brei verarbeiten,
75 g kalte Butter oder Margarine **75 g Schweineschmalz**	in Stücke schneiden, auf den Brei geben, mit Mehl bedecken, von der Mitte aus alle Zutaten schnell zu einem glatten Teig verkneten, etwa 1 Stunde kaltstellen,
	für die Füllung
1 kg Birnen	schälen, vierteln, entkernen, in Stücke schneiden, mit
4 Eßl. Zitronensaft	beträufeln,
50 g braunen Rohrzucker	mit
1 Messerspitze gemahlenem Zimt **1 Messerspitze gemahlenen Nelken**	vermengen, mit
50 g gemahlenen Haselnußkernen **30 g in Scheiben geschnittenen Haselnußkernen**	zu den Birnen geben, alles vorsichtig vermengen, die Hälfte des Teiges ausrollen, den Boden einer Springform (Durchmesser etwa 26 cm) damit auslegen, mit
1 Eßl. Semmelmehl	bestreuen, die Birnenmasse darauf verteilen, den Teigrand in der Springform mit
Kondensmilch	bestreichen,
	den restlichen Teig so ausrollen, daß seine Fläche den Springformboden etwas überragt, die Teigdecke auf die Birnen legen, festdrücken, überstehenden Teig abschneiden, aus den Teigresten Figuren ausschneiden, die untere Seite mit Kondensmilch bestreichen, auf die Teigdecke kleben, die Teigdecke mit
etwa 30 g zerlassener Butter	bestreichen, mit
1–2 Eßl. braunem Rohrzucker	bestreuen,
	die Form auf dem Rost in den vorgeheizten Backofen schieben.
Strom:	200–225
Gas:	Etwa 4
Backzeit:	Etwa 45 Minuten

UNSER TIP

Mit Vanillesoße oder angeschlagener Vanillesahne kann der Birnenkuchen auch lauwarm als Dessert gereicht werden.

Pflaumenkuchen

für 8 Personen

Für den Teig

500 g Weizenmehl in eine Rührschüssel sieben, mit
1 Päckchen Trocken-Backhefe sorgfältig vermischen,
1 Päckchen Vanillin-Zucker
Salz
250 ml (1/4 l) lauwarme Milch
75–100 g zerlassene, abgekühlte Butter oder Margarine hinzufügen,
die Zutaten mit einem Handrührgerät mit Knethaken zunächst auf niedrigster, dann auf höchster Stufe in etwa 5 Minuten zu einem Teig verarbeiten, sollte er kleben, noch etwas Mehl hinzufügen, aber nicht zuviel, der Teig muß weich bleiben, den Teig abgedeckt so lange an einem warmen Ort stehenlassen, bis er sich sichtbar vergrößert hat, aus der Schüssel nehmen, auf der Tischplatte nochmals gut durchkneten, auf einem gefetteten Backblech ausrollen, vor den Teig einen mehrfach umgeknickten Streifen Alufolie legen,

für den Belag

3 kg Pflaumen waschen, gut abtropfen lassen, mit einem Tuch abreiben, entsteinen, schuppenförmig mit der Innenseite nach oben auf den Teig legen, den Teig nochmals so lange an einem warmen Ort gehenlassen, bis er sich sichtbar vergrößert hat, das Backblech in den vorgeheizten Backofen schieben.

Strom: 200–225
Gas: 4–5
Backzeit: 20–30 Minuten

Den etwas ausgekühlten Kuchen mit
Zucker bestreuen.

Veränderung:
125 g Butter
125 g Zucker
3 Eßl. Honig langsam erwärmen,
150–200 g Spaltmandeln und
6 Teel. Weizenmehl unterrühren, vor dem Backen über die Pflaumen geben.

Luisenkuchen

Für den Knetteig

250 g Weizenmehl mit
1 gestrichenen Teel. Backpulver mischen, in eine Rührschüssel sieben,
100 g Zucker
1 Päckchen Vanillin-Zucker
1 Ei
125 g weiche Margarine oder Butter hinzufügen, die Zutaten mit einem Handrührgerät mit Knethaken zunächst kurz auf niedrigster, dann auf höchster Stufe gut durcharbeiten, anschließend auf der Tischplatte zu einem glatten Teig verkneten, den Teig auf einem gefetteten Backblech ausrollen, mehrmals mit einer Gabel einstechen, in den vorgeheizten Backofen schieben.

Strom: 200–225
Gas: 3–4
Backzeit: Etwa 10 Minuten

Für den Rührteig

200 g weiche Margarine oder Butter mit einem Handrührgerät mit Rührbesen auf höchster Stufe in etwa 1/2 Minute geschmeidig rühren, nach und nach
200 g Zucker
1 Päckchen Vanillin-Zucker
Salz
abgeriebene Schale von 1 unbehandelten Zitrone unterrühren, zu einer gebundenen Masse rühren,
5 Eier nach und nach unterrühren, jedes Ei etwa 1/2 Minute,
200 g Weizenmehl mit
50 g Speisestärke
1 gestrichenen Teel. Backpulver mischen, sieben, eßlöffelweise auf mittlerer Stufe untermischen,
50 g gemahlene Mandeln auf mittlerer Stufe unterrühren,

für die Füllung

den vorgebackenen Knetteigboden mit
5 Eßl. Sauerkirsch- oder Schwarze-Johannisbeer-Konfitüre bestreichen,
den Rührteig gleichmäßig darauf verteilen, glattstreichen, in den vorgeheizten Backofen schieben.

Strom: 175–200
Gas: 3–4
Backzeit: Etwa 25 Minuten

Den Kuchen nach dem Backen etwas abkühlen lassen,

zum Bestreichen den Kuchen mit
50 g zerlassener Butter bestreichen, mit
25 g Zucker bestreuen, nach Belieben
30 g Kuvertüre in einem kleinen Topf im heißen Wasserbad zu einer geschmeidigen Masse verrühren, das erkaltete Gebäck damit besprenkeln und in Dreiecke, Rauten oder Rechtecke schneiden,
250 ml (1/4 l) Schlagsahne mit
Vanillin-Zucker
1 Teel. Zucker steif schlagen,
1–2 Eßl. Kirschwasser vorsichtig unterheben, die Kirschsahne zu dem Luisenkuchen servieren.

UNSER TIP

Pflaumenkuchen auf dem Blech eignet sich besonders gut zum Einfrieren. Der gebackene, abgekühlte Kuchen wird in Portionsstücke oder geviertelt in Alufolie verpackt und eingefroren. Der Kuchen sollte erst nach dem Auftauen gezuckert werden, damit die Früchte beim Auftauen nicht zuviel Flüssigkeit abgeben.

UNSER TIP

Der Luisenkuchen bleibt 1–2 Wochen frisch, wenn er in gut schließenden Blechdosen aufbewahrt wird. Zwischen jede Kuchenschicht sollte Pergamentpapier gelegt werden.

Praliné-Torte

	Für den Teig
200 g Butter oder Margarine	schaumig rühren, nach und nach
200 g Zucker	
1 Päckchen Vanillin-Zucker	
4 Eier	
3 Eßl. Arrak	hinzugeben,
200 g Weizenmehl	
20 g Kakao	
2 gestrichene Teel. Backpulver	mischen, sieben, eßlöffelweise unterrühren, den Teig in eine gefettete Springform (Durchmesser etwa 26 cm) füllen.
Strom:	175–200, Gas: 3–4
Backzeit	Etwa 40 Minuten
	Den Tortenboden gut auskühlen lassen, für die Füllung
500 ml (1/2 l) Milch	
1 Päckchen Tortencremepulver Schokoladengeschmack	
250 g Butter	nach der Vorschrift auf dem Päckchen zubereiten,
2 Eßl. Weinbrand	unterrühren, den Tortenboden einmal durchschneiden, den unteren Boden mit gut der Hälfte der Creme bestreichen, den anderen Boden darauf legen, leicht andrücken, Rand und obere Seite der Torte mit einem Teil der übrigen Creme bestreichen, den Rand mit
etwa 40 g grobgeriebener Schokolade	bestreuen, die Torte mit der restlichen Creme verzieren, mit
16 Pralinen	garnieren.

Julianekuchen

ohne Abbildung

250 g weiche Butter	mit einem Handrührgerät mit Rührbesen auf höchster Stufe geschmeidig rühren,
250 g flüssigen Honig	dazugeben, so lange rühren, bis eine gebundene Masse entstanden ist, nach und nach
4 Eier	unterrühren (jedes Ei etwa 1/2 Minute),
abgeriebene Zitronenschale	hinzufügen,
300 g Weizenvollkornmehl	mit
1 1/2 Teel. Backpulver	mischen, eßlöffelweise hinzufügen, die Zutaten auf mittlerer Stufe unterrühren, in eine mit Backtrennpapier ausgelegte Kastenform füllen, die Form auf dem Rost in den vorgeheizten Backofen schieben
Strom:	Etwa 175, Gas: 2–3
Backzeit:	50–60 Minuten.

Feine Apfeltorte

150 g weiche Butter	geschmeidig rühren, nach und nach
100 g Zucker	
1 Päckchen Vanillin-Zucker	
Salz	
abgeriebene Schale von 1/2 unbehandelten Zitrone	so lange verrühren, bis eine gebundene Masse entstanden ist,
3 Eier	nach und nach unterrühren (jedes Ei etwa 1/2 Minute),
150 g Weizenmehl	mit
50 g Speisestärke	
2 gestrichenen Teel. Backpulver	mischen, sieben, eßlöffelweise auf mittlerer Stufe unterrühren, den Teig in eine gefettete Springform (Durchmesser etwa 28 cm) füllen, glattstreichen, in den vorgeheizten Backofen schieben.
Strom:	175–200
Gas:	3–4
Backzeit:	Etwa 30 Minuten.
	Den erkalteten Tortenboden einmal durchschneiden,
	für die Füllung
1 kg Äpfel (z. B. Boskop)	schälen, vierteln, entkernen, jedes Viertel in 2–3 Spalten schneiden,
250 ml (1/4 1) Weißwein	mit
50 g Zucker	
1 Päckchen Vanillin-Zucker	
Schale von 1/2 unbehandelten Zitrone	zum Kochen bringen, die Apfelspalten portionsweise hineingeben, nicht zu weich dünsten lassen, mit einem Schaumlöffel herausnehmen, erkalten lassen, die Apfelflüssigkeit durch ein Sieb gießen, eventuell mit
Weißwein	auf 200 ml auffüllen,
1 Päckchen gemahlene, weiße Gelatine	mit
3 Eßl. kaltem Wasser	in einem kleinen Topf anrühren, 10 Minuten zum Quellen stehenlassen,
1 gehäuften Teel. Speisestärke	mit
2 Eßl. Zucker	und 200 ml abgemessener Flüssigkeit in einem Topf verrühren,
3 Eigelb	unterrühren, unter ständigem Schlagen erhitzen, bis eine Kochblase aufsteigt, die gequollene Gelatine unter Rühren darin auflösen,
2 Eßl. Zitronensaft	unterrühren, erkalten lassen, ab und zu durchrühren, sobald die Masse beginnt, dicklich zu werden,
4 Eßl. Calvados	unterrühren,
500 ml (1/2 l) Schlagsahne	steif schlagen, unterheben, den unteren Tortenboden mit den Apfelspalten belegen, einen innen mit Pergamentpapier ausgelegten Springformring darumstellen, die Creme auf den Apfelspalten verteilen, glattstreichen, kalt stellen, den oberen Tortenboden mit
Apfelgelee	bestreichen, in 16 Stücke schneiden,
2 Eiweiß	steif schlagen, dabei nach und nach
100 g Zucker	unterschlagen, die Eiweißmasse in einen Spritzbeutel mit Sterntülle füllen, die 16 Tortenstücke damit bespritzen, nach Belieben mit
abgezogenen, gehobelten Mandeln	bestreuen, unter den vorgeheizten Grill schieben, in 3–5 Minuten hell bräunen lassen, die 16 Baiser-Tortenstücke abgekühlt auf die Creme legen, die Torte einige Stunden kalt stellen.

UNSER TIP

Wer Eier aus dem Kühlschrank schnell auf Zimmertemperatur bringen will, legt sie in warmes Wasser.
Butter oder Margarine aus dem Kühlschrank können in 1 Minute bei 600 Watt in der Mikrowelle angewärmt werden.

UNSER TIP

Der Calvados ist ein Apfelbranntwein aus Frankreich. Seine Heimat ist die Normandie. Entsprechend einem Gesetz von 1942 dürfen sich nur die Apfelbrände Calvados nennen, die aus einem genau abgegrenzten Gebiet der Normandie stammen und nach ganz bestimmten Destilliermethoden gebrannt worden sind.

Corn-Muffins

250 g Maismehl	mit
1 gehäuften Teel. Backpulver	mischen,
300 g lauwarmen Joghurt	mit
2 Eiern	
40 g zerlassener Butter	
1 Teel. Honig	und
1/2 Teel. Salz	verrühren, mit dem Maismehl zu einem glatten Teig verrühren,
50 g geschälte Kürbiskerne	grob hacken, unter den Teig ziehen, 6–8 Portionsbackförmchen ausfetten, den Teig einfüllen, auf dem Rost auf der mittleren Schiene in den vorgeheizten Backofen schieben.
Strom:	Etwa 200
Gas:	3–4
Backzeit:	Etwa 30 Minuten Die Corn-Muffins etwas abkühlen lassen, dann erst stürzen, am besten noch warm mit frischer Butter servieren.

Joghurt-Weincreme-Torte

	Für den Teig
4 Eier	
7–8 Eßl. heißes Wasser	mit einem Handrührgerät mit Rührbesen auf höchster Stufe in 1 Minute schaumig schlagen,
200 g Zucker	
1 Päckchen Vanillin-Zucker	mischen, in 1 Minute einstreuen, dann noch 2 Minuten schlagen,
150 g Weizenmehl	mit
60 g Speisestärke	
1 Teel. Backpulver	mischen, die Hälfte davon auf die Eiercreme sieben, kurz auf niedrigster Stufe unterrühren, den Rest des Mehlgemisches auf dieselbe Weise unterarbeiten, 3/4 des Teiges etwa 1 cm dick auf ein gefettetes, mit Pergamentpapier belegtes Backblech streichen, an der offenen Seite des Blechs das Papier knicken, so daß ein Rand entsteht, das Blech in den vorgeheizten Ofen schieben, Boden backen, eine Springform (Ø 28 cm) einfetten und den Boden mit Pergamentpapier belegen, den Rest des Teiges in die Form geben und backen.

UNSER TIP

Backpulver ist ein chemisches Treibmittel, das vorwiegend aus Natriumcarbonat besteht. Man erhält es abgepackt in kleinen Tüten. Es sollte stets kühl und trocken sowie getrennt von stark riechenden Lebensmitteln aufbewahrt werden.

UNSER TIP

Vanillin-Zucker ist ein verbreitetes Würzmittel für Gebäcke und Süßspeisen. Er besteht aus dem naturidentischen Aromastoff Vanillin und Zucker. Die im Handel erhältlichen Kleinpackungen enthalten mindestens 0,1 g Vanillin und 7,9 g Zucker. Diese Menge reicht für ein Gebäck von 500 g Mehl.

Strom: 200–225
Gas: 3–4
Backzeit: 10–15 Minuten

Den Biskuit sofort auf ein mit Zucker bestreutes Papier stürzen, das Pergamentpapier mit kaltem Wasser bestreichen, vorsichtig, aber schnell abziehen, den Biskuit sofort gleichmäßig mit

300 g Kirschkonfitüre

bestreichen, von der längeren Seite her ausrollen, die erkaltete Rolle in 16 Stücke schneiden, auf Pergamentpapier in eine Springform legen,

für die Füllung

1 Päckchen Gelatine, gemahlen, weiß

mit

3 Eßl. Wasser

anrühren, 10 Minuten zum Quellen stehenlassen,

25 g Speisestärke

mit

200 ml (1/5 l) Weißwein

in einem großen Topf verrühren,

60 g Zucker
3 Eigelb
Saft von 1 Zitrone

hinzufügen, die Creme unter Schlagen erhitzen, bis eine Kochblase aufsteigt, die gequollene Gelatine in der Weißweincreme lösen, die Masse erkalten lassen, ab und zu durchschlagen, sobald die Masse beginnt, dicklich zu werden,

500 ml (1/2 l) Schlagsahne

steif schlagen, zusammen mit

1 Becher (150 g) Vollmilchjoghurt

unterheben, die Masse gleichmäßig über die Biskuitrollenstücke streichen, das Pergamentpapier des Biskuitbodens abziehen, den Boden auf die Füllung legen, gut andrücken, die Torte kalt stellen, die Torte vom Springformrand lösen, auf eine Platte stürzen, das Papier abziehen, den Springformrand wieder darumlegen, aus

1 Päckchen Tortenguß, klar
25 g Zucker
250 ml (1/4 l) Weißwein

einen Tortenguß zubereiten und lauwarm eßlöffelweise über die Torte geben, den Tortenrand mit

Pistazienkernen

garnieren.

UNSER TIP

Erdnüsse, Achantinüsse oder Peanuts sind die Früchte der aus Südamerika stammenden Erdnußpflanze. Die Nüsse liegen in einer blassen, spröd-strohigen Schale von 3–4 cm Länge.

Amerikanischer Apfelkuchen mit Erdnüssen

Für den Teig

500 g Weizenvollkornmehl mit
1 Päckchen Trockenbackhefe
30 g braunem Zucker
1 Prise Salz
abgeriebener Schale von 1/2 Zitrone
100 g zerlassener Butter
etwa 375 ml (3/8 l) lauwarmer Milch mischen und alle Zutaten mit dem Knethaken des Handrührgerätes zunächst auf niedrigster, dann auf höchster Stufe gut durcharbeiten, bis sich Blasen bilden, den Teig zugedeckt ruhen lassen, bis sich das Volumen des Teiges verdoppelt hat,

200 g frische Erdnußkerne schälen, die roten Kernhäutchen entfernen, grob hacken, unter den Teig mischen, den Teig auf einem gut gefetteten Backblech auslegen,

für den Belag

1,5 kg säuerliche Äpfel schälen, vierteln, die Kerngehäuse entfernen,

1 kleines Glas Preiselbeerkompott abtropfen lassen, Saft auffangen, die Apfelviertel auf dem Teigboden verteilen, mit

Saft von 1/2 Zitrone
3 Eßl. Preiselbeersaft beträufeln,

200 g frische Erdnußkerne schälen, die roten Kernhäutchen entfernen, grob hacken, zusammen mit den abgetropften Preiselbeeren,

70 g braunem Zucker
50 g Rosinen über die Apfelstückchen geben, den Kuchen bei Strom: 180, Gas: 3 etwa 45 Minuten backen.

Raspeli

ohne Abbildung

3 Eiweiß steif schlagen, es muß so fest sein, daß ein Messerschnitt sichtbar bleibt, nach und nach

200 g Zucker
1 Päckchen Vanillin-Zucker unterschlagen,
30 g Back-Kakao auf den Eierschnee sieben,
150 g Kokosraspeln darüber geben, vorsichtig unter den Eierschnee heben (nicht rühren), von dem Teig mit 2 Teelöffeln Häufchen auf ein gefettetes Backblech setzen,

Strom: 130–150, Gas: 1–2

Kolatschen

Etwa 20 Stück

Für den Teig
400 g Weizen fein mahlen,
1 Päckchen und 1 gestrichenen Teel. Backpulver in eine Schüssel geben, mischen
200 g Magerquark
6 Eßl. Milch
100 ml Speiseöl
75 g Honig
Meersalz
1 Ei hinzufügen, die Zutaten mit einem Handrührgerät mit Knethaken auf höchster Stufe etwa 1 Minute durcharbeiten, anschließend auf der Tischplatte zu einer Rolle formen,
für den ersten Belag
300 g Magerquark mit
50 g weicher Butter
75 g Honig
20 g Pfeilwurzelmehl
1 Ei verrühren,
für den zweiten Belag
200 ml Milch zum Kochen bringen,
75 g Honig
200 g frisch gemahlenen Mohn
1 Eßl. Graham-Semmelmehl unterrühren, die Masse abkühlen lassen,
für den dritten Belag
2 Eßl. Pflaumenmus glattrühren,
den Teig in 20 Stücke schneiden, die Teigstücke rundrollen, dann von der Mitte ausgehend so flachdrücken, daß am Rand ein kleiner Wulst entsteht, die Teigstücke auf ein gefettetes Backblech legen, in die Mitte jedes Teigstückes einen Teelöffel von dem Pflaumenmus geben, ringsherum im Wechsel jeweils 1 Teelöffel Mohnfüllung und 1 Teelöffel Quarkfüllung geben, das Backblech in den vorgeheizten Backofen schieben.
Strom: Etwa 200, Gas: 3–4
Backzeit: 18–20 Minuten
Zum Aprikotieren
3 gehäufte Eßl. Aprikosenkonfitüre durch ein Sieb streichen, mit
4 Eßl. Wasser verrühren, in einen kleinen Topf geben, sämig einkochen lassen, die erkalteten Kolatschen damit bestreichen, mit
40 g abgezogenen, gehobelten, gebräunten Mandeln bestreuen.

UNSER TIP

Pfeilwurzelmehl wird aus den 24–25 cm langen, dickfleischigen Wurzelstöcken der Pfeilwurzelpflanze gewonnen. Diese gehört zu den Marantengewächsen, die sehr viel in den Tropen angebaut werden.

UNSER TIP

Der Strudelteig ist ein sehr elastischer Teig aus Mehl, Öl, Butter oder Schmalz, Salz und lauwarmen Wasser. Er muß mindestens 1/2 Stunde ruhen, damit er sich sehr dünn ausrollen und papierdünn ausziehen läßt.

UNSER TIP

In der Küchenmaschine darf ein Rührteig nicht länger als 3 Minuten und mit dem Handrührgerät nicht länger als 5 Minuten bearbeitet werden.
Durch zu intensives Schlagen verändert sich die Eigenschaft des Mehls. Der Kleber, ein Eiweißbestandteil, wird durch allzu ausdauerndes Rühren aktiviert, macht den Teig zäh und der Kuchen geht nicht mehr richtig auf. Statt feinporig und zart wird ein „überrührter" Kuchen trocken, bröselig und fest.

Mohnstrudel

	Für den Teig
250 g Weizenmehl	auf die Tischplatte sieben, in die Mitte eine Vertiefung eindrücken,
Salz **100 ml lauwarmes Wasser** **1 Eßl. Speiseöl**	hineingeben, mit einem Teil des Mehls zu einem dicken Brei verarbeiten, von der Mitte aus alle Zutaten schnell zu einem glatten Teig verkneten, den Teig auf Pergamentpapier in einen heißen, trockenen Kochtopf legen (vorher Wasser darin kochen), mit einem Deckel verschließen, etwa 30 Minuten ruhen lassen,
	für die Füllung
500 g gemahlenen Mohn mit 375–500 ml (3/8–1/2 l) kochendem Wasser	übergießen, verrühren, bis eine geschmeidige Masse entstanden ist,
100 g Zucker	mit
3 Eßl. Honig **1 Ei** **abgeriebener Schale von 1 unbehandelten Zitrone** **100 g verlesenen Rosinen**	unterrühren,
250 g säuerliche Äpfel	schälen, entkernen, grob raspeln, unter die Mohnmasse rühren, den Strudelteig auf einem bemehlten großen Tuch (Tischtuch) dünn ausrollen, ihn dann mit den Händen zu einem Rechteck von etwa 50 x 70 cm ausziehen, bis er durchsichtig ist, die Ränder abschneiden, wenn sie dicker sind, auf 2/3 des Teiges die Füllung streichen, an den kürzeren Seiten etwa 3 cm Teig frei lassen, den Teig mit Hilfe des Tuches, mit der Füllung beginnend, aufrollen, an den Enden gut zusammendrücken, den Strudel auf ein mit
Butter oder Margarine	gefettetes Backblech legen, mit etwas von
50 g zerlassener Butter	bestreichen, in den vorgeheizten Backofen schieben, den Strudel während des Backens mit der restlichen Butter bestreichen.
Strom:	200–225
Gas:	3–4
Backzeit:	Etwa 50 Minuten
Puderzucker	auf den erkalteten Strudel stäuben.

Orangenkuchen, getränkt

150 g weiche Margarine	mit einem Handrührgerät mit Rührbesen auf höchster Stufe in etwa 1/2 Minute geschmeidig rühren, nach und nach
150 g Zucker **1 Päckchen Vanillin-Zucker** **Salz** **abgeriebene Schale von 1/2 unbehandelten Orange**	unterrühren, so lange rühren, bis eine gebundene Masse entstanden ist,
3 Eier	nach und nach unterrühren, jedes Ei etwa 1/2 Minute,
150 g Weizenmehl	mit
1 gestrichenen Teel. Backpulver	mischen, sieben, eßlöffelweise auf mittlerer Stufe unterrühren, den Teig in eine gefettete Rehrückenform (30 x 11 cm) füllen, die Form auf dem Rost in den vorgeheizten Backofen schieben.
Strom:	175–200
Gas:	3-4
Backzeit:	Etwa 45 Minuten
125 ml (1/8 l) ausgepreßten Orangensaft mit etwas unbehandelter Orangen- und Zitronenschale **75 g Zucker**	verrühren, den Kuchen nach dem Backen stürzen, wieder in die Form geben, die flache Seite mit einem Holzstäbchen mehrmals einstechen, mit etwas Saft beträufeln – am besten mit einem Pinsel –, kurz einziehen lassen, den Kuchen wieder stürzen, die gewölbte Seite einstechen, mit dem restlichen Saft bestreichen, den erkalteten Kuchen nach Belieben mit
Puderzucker	bestäuben.

Schokoladen-Napfkuchen

ohne Abbildung

	Für den Teig
350 g Butter oder Margarine	geschmeidig rühren, nach und nach
300 g Zucker **1 Päckchen Vanillin-Zucker** **4 Eier** **2 Eßl. Wasser**	unterrühren,
350 g Weizenmehl	mit
6 g (2 gestrichene Teel.) Backpulver	mischen, sieben, eßlöffelweise unterrühren, den Teig in eine gefettete Napfkuchenform (Durchmesser 22 cm) füllen,
Strom:	175–200
Gas:	2–3
Backzeit:	Etwa 1 Stunde
	für den Guß
100 g zartbittere Schokolade	in kleine Stücke brechen, mit
25 g Kokosfett	in einem kleinen Topf im Wasserbad bei schwacher Hitze zu einer geschmeidigen Masse verrühren, den erkalteten Kuchen damit überziehen,
	zum Verzieren
30 g Puderzucker	sieben, mit
etwa 1 Teel. Eiweiß oder Wasser	glattrühren, so daß eine dickflüssige Masse entsteht, das Gebäck damit verzieren (mit Hilfe eines Pergamentpapiertütchens).

UNSER TIP

Das Gebäck ist gut zum Einfrieren geeignet. Es sollte in Stücke geschnitten und durch Folienstreifen getrennt werden, so daß jeweils einzelne Stücke herausgenommen und aufgetaut werden können.

Bismarckeiche

Für den Teig

3–4 Eßl. heißes Wasser mit einem elektrischen Handrührgerät mit Rührbesen auf höchster Stufe in 1 Minute schaumig schlagen,

125 g Zucker
1 Päckchen Vanillin-Zucker mischen, in 1 Minute einstreuen, dann noch etwa 2 Minuten schlagen,

75 g Weizenmehl
50 g Speisestärke
1 Messerspitze Backpulver mischen, die Hälfte davon auf die Eiercreme sieben, kurz auf niedrigster Stufe unterrühren, den Rest des Mehl-Gemisches auf dieselbe Weise unterarbeiten, den Teig etwa 1 cm dick auf ein gefettetes, mit Pergamentpapier belegtes Backblech streichen, an der offenen Seite des Bleches das Papier unmittelbar vor dem Teig zur Falte knicken, so daß ein Rand entsteht, sofort in den vorgeheizten Backofen schieben.

Strom: 200–225
Gas: 3–5
Backzeit: 10–15 Minuten

Den Biskuit nach dem Backen sofort auf ein mit Zucker bestreutes Papier stürzen, das Backpapier mit kaltem Wasser bestreichen, vorsichtig, aber schnell abziehen, den Biskuit mit der Papierunterlage aufrollen, kalt stellen,

für die Füllung

1 Päckchen Puddingpulver Schokoladengeschmack
75–100 g Zucker
500 ml (1/2 l) kalte Milch nach der Vorschrift auf dem Päckchen zu Pudding verarbeiten, kalt stellen, ab und zu durchrühren,

175–200 g Butter oder Margarine geschmeidig rühren, den Pudding eßlöffelweise darunter geben, dabei darauf achten, daß weder Fett noch Pudding zu kalt sind, da sonst die sogenannte Gerinnung eintritt, die ausgekühlte Rolle vorsichtig auseinanderrollen, mit der Buttercreme (etwas zum Garnieren zurücklassen) gleichmäßig bestreichen, aufrollen, die äußere braune Haut entfernen, mit der restlichen Creme die Rolle bestreichen, durch wellenförmige Längsstriche mit einer Gabel verzieren.

Powidl-Tascherl

1 kg Kartoffeln	waschen, in
Wasser	zum Kochen bringen, in etwa 25 Minuten gar kochen, abgießen, pellen, heiß durch die Kartoffelpresse geben, bis zum nächsten Tag zugedeckt an einem kühlen Ort stehen lassen, mit
250 g Weizenmehl	
2 Eiern	
Salz	zu einem glatten Teig verarbeiten, den Teig auf einer mit
Weizenmehl	bestreuten Tischplatte etwa 3 mm dick ausrollen, mit einer runden Form Plätzchen mit einem Durchmesser von etwa 8 cm ausstechen, für die Füllung
200 g Pflaumenmus	(die österreichische Bezeichnung ist Powidl) mit
1 Teel. Rum	verrühren, jeweils 1/2 Teel. davon auf die Teigplätzchen geben,
1 Ei mit	
1 Teel. Wasser	verschlagen, die Teigränder damit bestreichen, die Plätzchen zusammenklappen,
4 l Wasser	mit Salz zum Kochen bringen, die Halbmonde hineingeben, zum Kochen bringen, in etwa 8 Minuten gar ziehen lassen, mit einem Schaumlöffel herausnehmen, gut abtropfen lassen, in einer vorgewärmten Schüssel anrichten, warm stellen,
50 g Butter	in einer Pfanne zerlassen,
50 g Semmelmehl	hinzufügen, unter ständigem Rühren darin bräunen lassen, über die Powidl-Tascherl geben,
50 g Zucker	mit
1 Teel. Zimt	mischen, zu den Powidl-Tascherln reichen.

Baiser

ohne Abbildung

4 Eiweiß	steif schlagen, es muß so fest sein, daß ein Messerschnitt sichtbar bleibt,
200 g feinkörnigen Zucker	eßlöffelweise unterschlagen, die Baisermasse in einen Spritzbeutel füllen, in beliebigen Formen auf ein mit Pergamentpapier belegtes Backblech spritzen, das Gebäck darf nur leicht aufgehen und sich schwach gelblich färben,
Strom:	110–130 (vorgeheizt)
Gas:	25 Minuten 1 – 25 Minuten aus 15 Minuten 1 (nicht vorgeheizt)
Backzeit:	70–100 Minuten

UNSER TIP

Powidl-Tascherl sind eine Spezialität der böhmisch-österreichischen Küche. Powidl ist die Bezeichnung für Pflaumenmus.

Preiselbeer-Eierlikör-Torte

	Für den Teig
3 Eier	
2 Eßl. heißes Wasser	mit einem elektrischen Handrührgerät mit Rührbesen auf höchster Stufe in 1 Minute schaumig schlagen,
100 g Zucker	in 1 Minute einstreuen, dann noch etwa 2 Minuten schlagen,
100 g gemahlene Haselnußkerne	mit
100 g geriebener Blockschokolade	mischen, die Hälfte davon auf die Eiercreme geben, kurz auf niedrigster Stufe unterrühren, den Rest des Nuß-Schokoladen-Gemisches auf die gleiche Weise unterarbeiten, den Teig anschließend in eine gefettete, mit Pergamentpapier ausgelegte Springform mit einem Durchmesser von etwa 26 cm geben, die Form auf dem Rost in den vorgeheizten Backofen schieben.
Strom:	175–200
Gas:	3–4
Backzeit:	25–30 Minuten
	Sofort nach dem Backen den Boden aus der Form lösen, auf einen Kuchenrost stürzen, das Backpapier mit kaltem Wasser bestreichen, vorsichtig, aber schnell abziehen, den Tortenboden erkalten lassen,
	für den Belag den Tortenboden mit
225 g Preiselbeeren (aus dem Glas)	bestreichen,
375 ml (3/8 l) Schlagsahne	1/2 Minute schlagen,
1 Päckchen Sahnesteif 2 Teel. Zucker etwas Vanillin-Zucker	einstreuen, die Sahne steif schlagen, 2/3 der Schlagsahne auf die Preiselbeeren streichen, die restliche Sahne in einen Spritzbeutel mit glatter Tülle füllen, Tortenrand und -oberfläche damit verzieren, die Tortenmitte mit
4–5 Eßl. Eierlikör	ausfüllen, nach Belieben noch Eierlikör dazureichen, nach Belieben den Tortenrand mit
geraspelter Halbbitter-Schokolade	bestreuen oder
Schokoladendekorblättchen	in die Tortenrandgarnierung stecken.

UNSER TIP

Der Biskuitboden für die Preiselbeer-Eierlikör-Torte kann bereits 1–2 Tage vor dem Verzehr gebacken werden. Der erkaltete Tortenboden sollte dann allerdings gut in Alufolie verpackt aufbewahrt werden.

UNSER TIP

Als Füllung für das holländische Kaffeegebäck kann anstelle von Aprikosenkonfitüre auch jede andere Konfitüre wie z. B. Johannisbeergelee oder Orangenkonfitüre verwendet werden.

Holländisches Kaffeegebäck

	Für den Teig
300 g weiche Butter	geschmeidig rühren, nach und nach
100 g gesiebten Puderzucker	
1 Päckchen Vanillin-Zucker	
2 Eier, Salz	
abgeriebene Zitronenschale	unterrühren,
400 g Weizenmehl	mit
1 Teel. Backpulver	mischen, sieben, eßlöffelweise unterrühren, den Teig in einen Spritzbeutel mit gezackter Tülle füllen, in eng untereinanderliegenden Linien auf ein Backblech spritzen, so daß jeweils die Form eines langgezogenen Dreiecks entsteht, sofort backen.
Strom:	175–200, Gas: 3–4
Backzeit:	Etwa 15 Minuten
	Die Hälfte der erkalteten Plätzchen auf der Unterseite mit
Aprikosen-Konfitüre	bestreichen, die anderen mit der Unterseite darauf legen, für den Guß
100 g Kuvertüre	mit
20 g Kokosfett	in einem Topf im Wasserbad bei schwacher Hitze zu einer geschmeidigen Masse verrühren, die Plätzchen mit der breiten Seite hineintauchen.

Napoleons-Kuchen

ohne Abbildung

	Für den Teig
300 g weiche Butter	mit einem Handrührgerät mit Rührbesen auf höchster Stufe in etwa 1/2 Minute geschmeidig rühren, nach und nach
125 g Zucker	
1 Päckchen Rumback	unterrühren, so lange rühren, bis eine gebundene Masse entstanden ist,
7 Eigelb	nach und nach unterrühren (jedes Ei etwa 1/2 Minute)
150 g Weizenmehl	mit
1 Päckchen Backpulver	mischen, sieben, eßlöffelweise auf mittlerer Stufe unterrühren,
150 g gemahlene Haselnußkerne	
150 g Schokoladenstreusel	auf mittlerer Stufe unterrühren,
7 Eiweiß	steif schlagen
125 g Zucker	unterschlagen, vorsichtig unterheben, den Teig in eine gefettete Napfkuchenform füllen, die Form auf dem Rost in den vorgeheizten Backofen schieben
Strom:	Etwa 175
Gas:	Etwa 3
Backzeit:	Etwa 65 Minuten

UNSER TIP

Kakaopulver ist der Grundstoff für Kakaogetränke, kakaohaltige Zuckerwaren und Süßspeisen. Hergestellt durch Feinzerkleinerung von Kakao-Preßkuchen. Kakaopulver findet auch als Backzutat Verwendung.

Kakaoküchlein Cappuccino

200 g Rosinen	waschen, in
125 ml (1/8 l) Buttermilch	einweichen,
100 g Margarine	mit
3 Eigelb	
200 g Honig	schaumig schlagen,
1 Apfel	waschen, schälen, Kerngehäuse entfernen, Fruchtfleisch reiben, mit
250 g Weizenvollkornmehl	unter den Teig rühren,
3–4 Eßl. Buttermilch	mit
1 Eßl. Kakao	
1/2 Päckchen Backpulver	
2 Teel. Zimt	
je 1 Messerspitze gemahlener Nelken, Piment, Kardamom	verrühren, mit der Rosinen-Buttermilch unter den Teig rühren,
3 Eiweiß	steif schlagen, unter den Teig ziehen, sechs Portionsförmchen ausfetten, Teig bis 1 cm unter den Rand einfüllen, auf dem Rost auf der mittleren Schiene in den vorgeheizten Backofen schieben.
Strom:	Etwa 190, Gas: 2–3
Backzeit:	Etwa 45 Minuten
	Etwas abkühlen lassen, stürzen, mit
angeschlagener Sahne	begießen, mit
Kakaopulver	bestäuben.

Aprikosenteilchen

ohne Abbildung

1 Packung (300 g) tiefgekühlten Blätterteig	bei Zimmertemperatur auftauen lassen (nicht durchkneten), den Teig zu einem Rechteck (45 x 20 cm) ausrollen, Quadrate für Windmühlen und Kuverts (10 x 10 cm), Rechtecke und Kreise daraus schneiden
etwa 400 g gedünstete Aprikosenhälften	gut abtropfen lassen, die Teigstücke damit belegen, auf ein mit Wasser abgespültes Backblech legen, mit
abgezogenen Mandeln und ausgestochenen Teigmotiven	garnieren
1 Eigelb, 1 Eßl. Milch	verschlagen, die Teigstücke damit bestreichen (an den Rändern darf keine Eigelbmilch herunterlaufen), das Backblech in den vorgeheizten Backofen schieben.
Strom:	200–225, Gas: 4–5
	Zum Aprikotieren
2 Eßl. Aprikosen-Konfitüre	durch ein Sieb streichen, mit
1 Eßl. Wasser	unter Rühren aufkochen lassen, sofort nach dem Backen die Gebäckstücke damit bestreichen.
Backzeit:	Etwa 15 Minuten.

Orangen-Marzipan-Zöpfchen

Etwa 12 Stück

Für die Füllung
200 g Marzipanrohmasse mit
50 g weicher Butter
2 Eßl. Orangenmarmelade
abgeriebener Schale von 1/2 unbehandelten Orange oder
1 Teel. Orangenschalenpulver verrühren,

für den Teig
150 g Speisequark mit
6 Eßl. Milch
6 Eßl. Speiseöl
75 g Zucker
1 Päckchen Vanillin-Zucker
Salz verrühren,
300 g Weizenmehl mit
1 Päckchen Backpulver mischen, sieben, die Hälfte davon unterrühren, den Rest des Mehls unterkneten, den Teig zu einem Rechteck von etwa 36 x 48 cm ausrollen, in etwa 12 x 12 cm große Quadrate schneiden, jeweils etwas von der Füllung auf eine Hälfte der Teigquadrate streichen, dabei immer einen 0,5–1 cm breiten Rand freilassen, die Teigränder mit
verschlagenem Eiweiß bestreichen, jeweils die unbestrichene Teighälfte über die Füllung klappen, leicht andrücken, jedes Teigstück zweimal längs bis etwa 1 cm unter den oberen Rand durchschneiden, die 3 zusammenhängenden Teigstreifen zu Zöpfen flechten, die Enden etwas festdrücken, die Teigzöpfe auf ein mit Backtrennpapier belegtes Backblech legen,
1 Eigelb mit
1 Eßl. Milch verschlagen, die Teigzöpfe damit bestreichen, das Backblech in den vorgeheizten Backofen schieben.

Strom: 175–200
Gas: 3–4
Backzeit: 15–20 Minuten.

Für den Guß
100 g gesiebten Puderzucker mit
2–3 Eßl. Orangensaft verrühren, die Teigzöpfe sofort nach dem Backen damit bestreichen.

UNSER TIP

Quark-Ölteiggebäcke haben eine ähnliche Struktur wie Hefeteig. Genau wie Hefeteig schmeckt Quark-Ölteig frisch am besten.

Prinzeßbrezeln

	Für den Teig
375 g Weizenmehl	mit
40 g Kakao	mischen, in eine Rührschüssel sieben,
175 g Zucker	
1 Päckchen Vanillin-Zucker	
1 Ei	
250 g weiche Butter	hinzufügen, die Zutaten mit einem Handrührgerät mit Knethaken zunächst kurz auf niedrigster, dann auf höchster Stufe gut durcharbeiten, anschließend auf der Tischplatte zu einem glatten Teig verkneten, sollte er kleben, ihn eine Zeitlang kalt stellen, den Teig zu bleistiftdicken Rollen formen, in etwa 17 cm lange Stücke schneiden, zu Brezeln formen, auf ein mit Backtrennpapier belegtes Backblech legen, in den vorgeheizten Backofen schieben.
Strom:	175–200, Gas: 3–4
Backzeit:	12–15 Minuten
100 g Halbbitterkuvertüre	mit
100 g Speisefettglasur	in einem kleinen Topf im heißen Wasserbad geschmeidig rühren, die Brezeln damit bestreichen, mit
etwa 60 g abgezogenen, gehackten, gebräunten Mandeln	bestreuen.

Schottische Butterplätzchen

ohne Abbildung

375 g Weizenmehl	in eine Rührschüssel sieben,
150 g braunen Rohrzucker	
1 Päckchen Vanillin-Zucker	
250 g weiche Butter	hinzufügen, die Zutaten mit einem Handrührgerät mit Knethaken zunächst kurz auf niedrigster, dann auf höchster Stufe gut durcharbeiten, anschließend auf der Tischplatte zu einem glatten Teig verkneten, aus dem Teig 2–2 1/2 cm dicke Rollen formen, so lange kalt stellen, bis sie hart geworden sind, die Rollen in etwa 1/2 cm dicke Scheiben schneiden, auf ein Backblech legen, in den vorgeheizten Backofen schieben und hellbraun backen lassen.
Strom:	175–200
Gas:	3–4
Backzeit:	Etwa 10 Minuten
	Die Butterplätzchen nach Belieben mit flüssiger Kuvertüre besprenkeln. Sobald der Guß festgeworden ist, die Plätzchen in gut schließende Dosen schichten.

UNSER TIP

Es gibt helle und dunkle Kuvertüre, die wie Schokolade als Glasur für Torten und Kleingebäck verwendet werden kann. Auch aufgelöst in Teigen oder als Dessertsoße kann Kuvertüre eingesetzt werden.

UNSER TIP

Ausgestochenes Kleingebäck mit einem Messer mit breiter Klinge, einem Teigspatel oder einer Palette auf das vorbereitete Backblech legen. Nicht mit der Hand, die Teigstücke geraten schnell aus der Form.

Erdnuß-Müsli-Kugeln

200 g Trockenobstmischung (Äpfel, Pflaumen, Birnen, Aprikosen, Pfirsiche)
die Pflaumen entsteinen, fein hacken, mit
1 gestrichenen Eßl. kernigen Haferflocken
2 Messerspitzen Zimt vermengen,
mit nassen Händen auf einem feuchten Brett eine kleine Walze formen,
das übrige Trockenobst fein hacken, mit
2 Eßl. Wasser vermengen,
15 g Cornflakes zerdrücken,
50 g Erdnüsse schälen, häuten, grob hacken, die Cornflakes, die Erdnüsse und
Schale von 1/4 unbehandelten Zitrone mit der Trockenfruchtmasse vermengen, eine Walze formen, beide Walzen in 12 Stücke teilen, mit feuchten Händen zu Kugeln formen, in die Frucht-Nuß-Kugeln mit dem Daumen Mulden eindrücken, die kleineren Pflaumenkugeln hineingeben, umhüllen.

Mandelrosetten

ohne Abbildung

4 Eiweiß mit einem Handrührgerät mit Rührbesen auf höchster Stufe steif schlagen,
200 g flüssigen Honig dazugeben, weiter steif schlagen,
2 Messerspitzen Bourbon-Vanille
2 Messerspitzen gemahlene Muskatblüte
3 Eßl. gesiebten Kakao
250 g ungeschälte gemahlene Mandeln hinzufügen, die Zutaten vorsichtig locker, auf niedrigster Stufe unterheben, die Masse etwa 2–3 Stunden ruhen lassen, in die Gebäckpresse füllen, mit der Gebäckpresse Rosetten auf
Backoblaten (Durchmesser etwa 4 cm) spritzen, auf ein mit Backtrennpapier belegtes Backblech setzen, das Backblech in den vorgeheizten Backofen schieben.

Strom: 175–200
Gas: 2–3
Backzeit: 20–30 Minuten

Vanille-Mürbchen

ohne Abbildung

250 g Weizenmehl	in eine Rührschüssel sieben
1 Beutel Vanille-Aroma	
1 Becher (150 g) Crème fraîche	
175 g weiche Butter	hinzufügen, die Zutaten mit einem Handrührgerät mit Knethaken zunächst kurz auf niedrigster, dann auf höchster Stufe gut durcharbeiten, anschließend auf der Tischplatte zu einem glatten Teig verkneten, sollte er kleben, ihn eine Zeitlang kalt stellen, den Teig etwa 1/2 cm dick ausrollen, zunächst mit einer runden Form (Durchmesser etwa 6 cm) ausstechen, die Teigplätzchen mit einer kleineren Form (Durchmesser etwa 4 cm) dann so ausstechen, daß Ringe und Plätzchen entstehen, diese mit
Kondensmilch	bestreichen, in
etwa 75 g Hagelzucker	drücken, mit der unteren Seite auf ein Backblech legen, in den vorgeheizten Backofen schieben.
Strom:	175–200
Gas:	3-4
Backzeit:	10–15 Minuten

Mandelkonfekt

	Für die Mandelmasse
50 g Butter	mit
200 g Zucker	
2 Päckchen Vanillin-Zucker	unter Rühren so lange erhitzen, bis der Zucker leicht gebräunt ist,
250 ml (1/4 l) Schlagsahne	hinzufügen, unter Rühren so lange erhitzen, bis der Zucker gelöst ist,
300 g abgezogene, gehobelte Mandeln	
150 g gewürfeltes Orangeat	unterrühren, die Masse nochmals unter ständigem Rühren so lange erhitzen, bis sie gut gebunden und fest ist, die Mandelmasse leicht bergartig auf
50–60 Oblaten (Durchmesser 4 cm)	streichen, sie auf ein Backblech legen, in den vorgeheizten Backofen schieben.
Strom:	175–200, Gas: 3–4
Backzeit:	Etwa 10 Minuten
	für den Guß
150 g Kuvertüre	in einem kleinen Topf im heißen Wasserbad zu einer geschmeidigen Masse verrühren, nach dem Backen das Konfekt mit der Unterseite in die Kuvertüre tauchen, das erkaltete Mandelkonfekt in gut schließende Dosen geben, kühl aufbewahren.

Nuß-Nougatplätzchen

ohne Abbildung

	Für den Teig
2 Eier	schaumig schlagen, nach und nach
200 g Zucker	
1 Päckchen Vanillin-Zucker	hinzugeben, so lange schlagen, bis eine cremeartige Masse entstanden ist,
1 Messerspitze gemahlene Nelken	
1 Messerspitze gemahlene Muskatblüte	
3 Tropfen Backöl Zitrone	
50 g verlesene Rosinen	
30 g feingewürfeltes Orangeat	
30 g feingewürfeltes Zitronat (Sukkade)	
250 g gemahlene Haselnußkerne	unter die Eiercreme heben,
200 g Nuß-Nougatmasse	in einem kleinen Topf im Wasserbad bei schwacher Hitze zu einer geschmeidigen Masse verrühren, unter die Haselnußmasse rühren, die Masse bergartig auf
etwa 70 Oblaten (Durchmesser 5 cm)	streichen, auf ein Backblech legen.
Strom:	130–150
Gas:	1–2
Backzeit:	20–25 Minuten
	für den Guß
250 g Puderzucker	sieben, mit
5–6 Eßl. Zitronensaft	zu einer dickflüssigen Masse verrühren, die noch warmen Plätzchen damit bestreichen.

Zimtblätter

	Für den Teig
350 g Weizenmehl	mit
1 gestrichenen Teel. Backpulver	mischen, in eine Rührschüssel sieben,
100 g gesiebten Puderzucker	
1 Päckchen Vanillin-Zucker	
Salz	
1 Teel. gemahlenen Zimt	
2 Eigelb	
250 g weiche Butter oder Margarine	
300 g abgezogene, grob gemahlene Mandeln	hinzufügen, alle Zutaten mit einem Handrührgerät mit Knethaken zuerst auf der niedrigsten, dann auf der höchsten Stufe so lange verkneten, bis ein zusammenhängender Teig entstanden ist, den Teig eine Zeitlang kalt stellen, etwa 3 mm dick ausrollen, mit einer ovalen Form Plätzchen ausstechen,
etwa 60 g Zucker	mit
1 Messerspitze gemahlenem Zimt	mischen, die Teigplätzchen mit der oberen Seite hineindrücken, auf Backbleche legen, auf die beiden mittleren Schienen des Backofens schieben.
Strom:	170–180
Gas:	3
Backzeit:	10–13 Minuten
	für den Guß
125–150 g Speisefettglasur (Schokolade)	nach der Vorschrift auf der Packung auflösen, die erkalteten Plätzchen auf der unteren Seite damit bestreichen.

UNSER TIP

Oblaten sind aus Weizenmehl und Wasser gebackene, dünne weiße Platten. Sie dienen als Unterlage zum Backen von feinem Mandelgebäck (Lebkuchen und Makronen) und als Isolierschicht bei gefüllten Torten.

UNSER TIP

Um bei den Zimtblättern den Blättercharakter zu betonen, sollten die Teigplätzchen mit einem Messer (siehe Foto) blattrippenartig eingekerbt werden.

Karamelfudge

Von

300 g Zucker

100 g abnehmen, schmelzen lassen, hell karamelisieren lassen, den Topf von der Herdplatte nehmen,

250 ml (1/4 l) Schlagsahne und den restlichen Zucker hinzufügen,

1 Vanilleschote aufschneiden, auskratzen, zum Karamel geben, bei geringer Hitze je nach Topfgröße etwa 30–45 Minuten kochen, bis sich die Masse vom Topfboden löst,

30 g Sonnenblumenkerne rösten, hinzufügen, die Masse 1/2 cm dick in eine hitzefeste, gefettete Form füllen, mehrere Stunden erkalten lassen, mit einem in heißes Wasser getauchten Messer 2 x 2 cm große Stückchen herausschneiden.

UNSER TIP

Es ist ratsam, die Karamelfudges in Zellophan oder buntes Papier einzupacken. In bunte Dosen oder Tüten verpackt sind sie auch ein schönes Geschenk.

Krokant-Kugeln

ohne Abbildung

125 g Zucker in die Pfanne geben, unter ständigem Rühren schmelzen lassen,

1 Eßl. Honig hinzufügen, einmal kurz aufkochen lassen, die Pfanne von der Kochstelle nehmen,

100 g gehobelte Haselnußkerne unterrühren, die Masse auf ein Backblech geben, sofort daraus mit den Händen Kugeln (etwa 1 1/2 cm Ø) formen,

70 g Kuvertüre in einem kleinen Topf im Wasserbad zu einer geschmeidigen Masse verrühren, die Krokantkugeln einzeln eintauchen, auf einem Kuchengitter abtropfen lassen, unter das Gitter einen Teller stellen, damit die abgetropfte Kuvertüre wieder verwendet werden kann, die Krokantkugeln mit

gehobelten Haselnußkernen verzieren, solange die Kuvertüre noch weich ist, die Kugeln in

Papier-Pralinen-Förmchen setzen, bis zum Verzehr in einer Metalldose aufbewahren, sie sind etwa 3 Wochen haltbar.

UNSER TIP

Sonnenblumenkerne sind die Samen der Sonnenblume und enthalten 50 % fettes Öl, ca. 27 % Eiweiß und Lecithin. Die geschälten Kerne sind 1/2–1 Jahr lagerfähig und können auch anstelle von Nüssen und Mandeln vielseitg verwertet werden.

UNSER TIP

Trüffelmasse wird hergestellt aus Schokolade, evtl. Kakaopulver, Zucker, Sahne und/oder Butter sowie Geschmacksstoffen, z. B. Kaffeepulver oder Rum. Verwendung findet die Trüffelmasse als Tortenfüllung und Konfekt.

Trüffeltörtchen mit Zimteis

Für das Zimteis

2 Eigelb
2 Eßl. flüssigen Honig
2 Eßl. Wasser
1 Teel. Zimtpulver in einem Wasserbad aufschlagen, die Schüssel auf Eiswürfel stellen, die Creme kalt schlagen, anschließend
125 ml (1/8 l) Schlagsahne steif schlagen, unter die Zimtmasse heben, in eine Metallschüssel umfüllen, mindestens 5 Stunden im Tiefkühlfach gefrieren lassen,

für das Trüffeltörtchen

2 Eigelb mit
1 Prise Salz
40 g Zucker
2 Eßl. lauwarmem Wasser dickcremig rühren,
2 Eiweiß steif schlagen, auf die Eigelbcreme setzen,
60 g Weizenmehl darüberstäuben, alles vorsichtig vermischen, dabei noch 30 g von
70 g zerlassenem Butterschmalz einrühren, die Masse in eine nur am Boden gefettete Springform (16—18 cm Ø) füllen, im vorgeheizten Backofen bei 200 (Gas: 3–4) etwa 12 Minuten backen, auskühlen lassen, quer halbieren,

100 g Zartbitter-Kuvertüre hacken, mit
75 ml Schlagsahne
1 Eßl. löslichem Kaffeepulver
1 Eßl. Kaffeelikör in einem kleinen Topf schmelzen, abkühlen lassen, das restliche Butterschmalz cremig aufschlagen, die Schokocreme ebenfalls kräftig aufschlagen, dann unter das Butterschmalz rühren, die Creme zwischen die beiden Tortenböden streichen, mindestens 2 Stunden in den Kühlschrank stellen, in 12 schmale Tortenstücke schneiden, mit dem Eis anrichten, mit
Puderzucker bestäuben,
200 g Himbeeren/Brombeeren oder
abgetropfte Rumtopffrüchte auf den Tellern anrichten, mit
Minzeblättchen garnieren.

Die kalte Jahreszeit verführt zum Backen gehaltvoller Torten und Kuchen mit Sahne und Cremefüllungen. Den Schwerpunkt allerdings bildet die Advent- und Weihnachtsbäckerei mit Plätzchen, Stollen, Früchtebroten und Konfekt.
Zum Jahreswechsel und Fasching gibt es die beliebten Krapfen, Muzen und Eberswalder Spritzkuchen. So hat jede Jahreszeit ihre Höhepunkte.

Quarkstollen

500 g Rosinen verlesen, mit
100 ml Rum beträufeln, mehrere Stunden (am besten über Nacht) stehenlassen,

500 g Weizenmehl mit
1 Päckchen Backpulver mischen, in eine Rührschüssel sieben,
150 g Zucker
1 Päckchen Vanillin-Zucker
Salz
4 Tropfen Backöl Bittermandel
1 Messerspitze gemahlene Nelken
1 Messerspitze gemahlenen Kardamom
1 Messerspitze gemahlenen Ingwer
1 Messerspitze gemahlene Muskatnuß
1 Messerspitze gemahlenen Zimt
etwas abgeriebene Orangenschale (unbehandelt)
175 g weiche Butter
250 g Speisequark hinzufügen, die Zutaten mit einem Handrührgerät mit Knethaken zunächst kurz auf niedrigster, dann auf höchster Stufe gut durcharbeiten, anschließend auf der Tischplatte

250 g abgezogene, gemahlene Mandeln
150 g gewürfeltes Zitronat (Sukkade)
100 g gewürfeltes Orangeat und die Rosinen unterkneten, alles zu einem glatten Teig verkneten, den Teig zu einem Stollen formen, auf ein mit Back-Trennpapier belegtes Backblech legen, in den Backofen schieben, den Stollen sofort nach dem Backen mit
100 g zerlassener Butter bestreichen, mit
50 g Puderzucker bestäuben.

Strom: Vorheizen auf 250, backen bei 160–180
Gas: 2–3
Backzeit: 50–60 Minuten

Den Stollen nach dem völligen Erkalten nochmals mit
gesiebtem Puderzucker bestäuben und in Alufolie verpackt 10–14 Tage durchziehen lassen.

UNSER TIP

Damit der Stollen seine Form behält, ist es erforderlich, ihn in den auf höchster Stufe vorgeheizten Backofen zu stellen, dann aber sofort auf die angegebene niedrigere Temperatur herunterzustellen.

UNSER TIP

Das Früchtebrot wird besonders saftig, wenn die Früchte (Feigen, Rosinen, Zitronat) in 5 Eßl. Weinbrand, Rum oder Obstschnaps mehrere Stunden mariniert werden. Früchtebrot sollte vor dem Aufschneiden einige Tage durchziehen.

Braune Weihnachtskuchen

ohne Abbildung

250 g Honig, 125 g Zucker	
Salz, 65 g Butter	mit
65 g Schweineschmalz	
1 Eßl. Milch	langsam erwärmen, zerlassen, in eine Rührschüssel geben, kalt stellen, unter die fast erkaltete Masse
5 Tropfen Backöl Zitrone	
je 1 gestrichenen Teel.	
gemahlenen Kardamom	und
gemahlenen Zimt	rühren,
500 g Weizenmehl	mit
9 g (3 gestrichenen Teel.)	
Backpulver	mischen, sieben, 2/3 davon eßlöffelweise unterrühren, den Rest des Mehls mit
30 g gemahlenen	
Haselnußkernen	unter den Teig kneten, sollte er kleben, noch etwas Mehl hinzugeben, den Teig dünn ausrollen, zu rechteckigen oder runden Plätzchen ausstechen, auf ein gefettetes Backblech legen, dünn mit
Dosenmilch	bestreichen, in den vorgeheizten Backofen schieben.
Strom:	175–200, Gas: 3–4
Backzeit:	Etwa 10 Minuten

Früchtebrot

125 g Haselnußkerne	halbieren,
125 g getrocknete Feigen	in Würfel schneiden,
250 g Rosinen	verlesen,
3 Eier	mit einem Handrührgerät mit Rührbesen auf höchster Stufe in 1 Minute schaumig schlagen,
125 g Zucker	mit
1 Päckchen Vanillin-Zucker	mischen, in 1 Minute einstreuen, dann noch etwa 2 Minuten schlagen,
1/2 Fläschchen Rum-Aroma	
1 Messerspitze	
gemahlenen Zimt	kurz unterrühren,
125 g Weizenmehl	mit
50 g Speisestärke	
1 gestrichenem	
Teel. Backpulver	mischen, sieben, alle Zutaten mit
60 g gehackten Mandeln	
125 g gewürfeltem	
Zitronat (Sukkade)	auf niedrigster Stufe unter die Eiercreme rühren, den Teig in eine mit Pergamentpapier oder Back-Trennpapier ausgelegte Kastenform (30 x 11 cm) füllen, in den vorgeheizten Backofen schieben.
Strom:	175–200, Gas: 2–3
Backzeit:	70–90 Minuten

Erdnußfrüchtebrot

Für den dunklen Teig

150 g Rosinen
150 g ungeschwefelte getrocknete Aprikosen
150 g getrocknete Pflaumen (ohne Stein)
mehrere Stunden (eventuell über Nacht) in
500 ml (1/2 l) lauwarmem Birnennektar
marinieren,
1 Würfel (42 g) Frischhefe
zerkrümeln, mit 3 Eßl. von dem Birnennektar anrühren, abgedeckt etwa 20 Minuten an einem warmen Ort stehen lassen, die abgetropften Trockenfrüchte würfeln,
100 g Butter
zerlassen,
250 g Honig
unterrühren, die Honigbutter, den restlichen Birnennektar,
500 g frisch gemahlenes Roggenmehl
4 Eßl. Kakaopulver
2 Teel. gemahlenen Zimt
2 Teel. gemahlenen Ingwer
1 Teel. geriebene Muskatblüte
Salz
und die gegangene Hefe zu einem Teig verarbeiten, abgedeckt etwa 30 Minuten an einem warmen Ort gehen lassen, die abgetropften Früchte,
200 g Erdnußkerne
unterheben, den Teig mindestens 1 Stunde gehen lassen,
für den hellen Teig
15 g Frischhefe
zerkrümeln, mit
3 Eßl. lauwarmer Milch
verrühren, abgedeckt etwa 15 Minuten an einem warmen Ort stehen lassen, die gegangene Hefe mit
150 g Weizenmehl
Salz, etwas Zucker
120 ml lauwarmer Milch
15 g weicher Butter
100 g feingemahlenen Erdnußkernen
zu einem Teig verkneten, den Teig etwa 20 Minuten an einem warmen Ort gehen lassen, bis er sich sichtbar vergrößert hat, den Teig zu einem Rechteck ausrollen, den dunklen Teig in den hellen Teig wickeln, mit der Schnittkante nach unten in eine gut gefettete Kastenform setzen, die Form auf dem Rost in den auf etwa 180 (Gas: 2–3) vorgeheizten Backofen schieben und 60–80 Minuten backen, etwa 10 Minuten vor Beendigung der Backzeit das Früchtebrot mit
1 verschlagenem Eigelb
bestreichen.

Bananenhupf

3 mittelgroße Bananen	schälen, kleinschneiden, mit
75 g Sauerrahm	
1 Prise Salz	
abgeriebener Schale von	
1 unbehandelten Zitrone	und der Hälfte von
240 g braunem Rohrzucker	pürieren,
80 g Butter	mit der zweiten Hälfte des Rohrzuckers und dem ausgekratzten Mark von
1/2 Vanilleschote	und
3 Eiern	mit einem elektrischen Handrührgerät mit Rührbesen schaumig schlagen, dann die pürierte Bananen-Sauerrahm-Masse unterrühren,
150 g Weizenmehl (Type 550)	mit
125 g Roggenmehl (Type 997)	
15 g Backpulver	mischen, unter ständigem Rühren in die Masse sieben, eine gut gefettete Gugelhupfform mit
4 Eßl. Kokosraspeln	ausstreuen, den Teig einfüllen, in den vorgeheizten Backofen schieben.
Strom:	Etwa 170
Gas:	Etwa 3
Backzeit:	Etwa 45–55 Minuten

French Toast à la California

	Eine längliche Auflaufform mit
20 g Butter	ausstreichen,
8 Scheiben Weißbrot oder Toastbrot	leicht überlappend in die Form schichten, zwischen jede Lage
125 g ungeschwefelte Rosinen	verteilen,
4 Eier	
1 Päckchen Vanillin-Zucker	
1 Prise Salz	
1/4 Teel. gemahlenen Zimt	
250 ml (1/4 l) Milch	mit dem Handrührgerät verschlagen, über die Brotscheiben geben, etwa 1/2 Stunde ziehen lassen, in den vorgeheizten Backofen schieben, goldbraun backen.
Strom:	200
Gas:	3–4
Backzeit:	Etwa 25 Minuten
Beigabe:	Beerenobst, Ahornsirup oder Honig

UNSER TIP

In der Fachsprache bezeichnet Aprikotieren das Bestreichen bzw. Überziehen von Früchten, Gebäcken usw. mit Aprikosenkonfitüre. Zur Geschmackabrundung und Streichfähigkeit ist es empfehlenswert, etwas Alkohol unter die Aprikosenkonfitüre zu rühren.

Apfelkuchen mit Pudding

	Für den Teig
150 g Speisequark	mit
6 Eßl. Milch	
6 Eßl. Speiseöl	
75 g Zucker	
1 Päckchen Vanillin-Zucker	und
Salz	verrühren,
300 g Weizenmehl	mit
1 Päckchen Backpulver	mischen, sieben, die Hälfte davon unterrühren, den Rest des Mehls unterkneten, den Teig auf einem gefetteten Backblech ausrollen, für den Belag
1 Päckchen Puddingpulver Vanillegeschmack	
20 g Speisestärke	und
75 g Zucker	mit 6 Eßl. von
375 ml (3/8 l) kalter Milch	anrühren, die übrige Milch zum Kochen bringen, von der Kochstelle nehmen, das Puddingpulver unter Rühren hineingeben, kurz aufkochen lassen, den Pudding während des Erkaltens ab und zu umrühren,
125 ml (1/8 l) Schlagsahne	und
1 Eigelb	unter den etwas abgekühlten Pudding rühren,
1 Eiweiß	so lange steif schlagen, bis ein Messerschnitt sichtbar bleibt, unter den Pudding heben, die Masse gleichmäßig auf dem Teig verteilen,
1 1/4 kg Äpfel	schälen, vierteln, entkernen, in Spalten schneiden, schuppenförmig auf den Pudding legen, vor den Teig ein mehrfach gefalztes Stück Alufolie legen, in den vorgeheizten Backofen schieben.
Strom:	175–200
Gas:	3–4
Backzeit:	Etwa 35 Minuten
	Zum Aprikotieren
2 Eßl. Aprikosenkonfitüre	durch ein Sieb streichen, mit
1 Eßl. Wasser	
1–2 Eßl. Apricot Brandy	verrühren, kurz aufkochen lassen, sofort nach dem Backen den Kuchen damit bestreichen.
	Nach Belieben
geschlagene Sahne	mit
Calvados	
gemahlenem Zimt	
Vanillin-Zucker	abschmecken, dazu reichen.

Weincreme-Schnitten

1 Packung Backmischung Zitronenkuchen	mit
100 g weicher Butter, 2 Eiern 75 ml (5 Eßl.) Wasser	nach der Vorschrift auf der Packung zubereiten, den Teig auf ein gefettetes Backblech (32 x 40 cm) streichen, vor den Teig einen mehrfach umgeknickten Streifen Alufolie legen, das Blech in den vorgeheizten Backofen schieben.
Strom:	175–200, Gas: 3–4
Backzeit:	15–20 Minuten Das Gebäck gut auskühlen lassen, für die Füllung
5 Eßl. Wasser	mit dem Wein aus
1 Päckchen Weißweincreme	in eine große Schüssel geben, den Inhalt des Päckchens auf einmal in die Flüssigkeit geben und mit dem Rührbesen auf niedrigster Stufe oder mit einem Schneebesen verrühren, dann in etwa 2 Minuten auf höchster Stufe schlagen, bis die Masse durch und durch schaumig ist und dick wird,
250 ml (1/4 l) Wasser	mit
2 Päckchen Schlagschaum	nach den Angaben auf dem Päckchen zubereiten, unter die Weincreme heben, das ausgekühlte Gebäck in Hälften schneiden, die eine Hälfte mit der Weißweincreme bestreichen, die andere darauf legen, das Gebäck kalt stellen, bis die Creme schnittfest ist, danach beliebig große Stücke schneiden und mit
Puderzucker	bestäuben.

UNSER TIP

Schlagschaum kann auch durch Schlagsahne ersetzt werden. Dafür werden 500 ml (1/2 l) Schlagsahne mit 2 Päckchen Sahnesteif, 1 Päckchen Vanillin-Zucker und 1 Eßl. Zucker steif geschlagen.

Weizen-Nuß-Makronen

3 Eiweiß	mit dem Rührbesen eines Handrührgerätes auf höchster Stufe steif schlagen,
Meersalz	
100 g flüssigen Honig	dazugeben und weiter steif schlagen,
1/2 Teel. gemahlenen Zimt	
1 Messerspitze gemahlenen Ingwer	
2 Teel. abgeriebene Schale von 1 unbehandelten Orange	
Saft von 1 Zitrone	vorsichtig unter die Eiweißmasse rühren,
200 g gemahlene Haselnußkerne	
40 g Weizenvollkornmehl	locker unter die Masse heben, mit 2 Teelöffeln walnußgroße Häufchen auf
Backoblaten (Durchmesser etwa 3–4 cm)	geben, dann auf ein Backblech setzen, das Blech in den vorgeheizten Backofen schieben.
Strom:	130–150
Gas:	1–2
Backzeit:	20–25 Minuten

Buttersterne

ohne Abbildung

400 g Weizenvollkornmehl	in eine Rührschüssel geben,
180 g flüssigen Honig	
1 Ei	
1 Teel. gemahlenen Zimt	
1 Messerspitze gemahlenen Koriander	
1 Messerspitze gemahlenen Kardamom	
1 Eßl. Rum	
250 g weiche Butter	hinzufügen, die Zutaten mit dem Knethaken eines Handrührgerätes zu einem glatten Teig verkneten, falls er kleben sollte, muß er eine Zeitlang kaltgestellt werden, den Teig auf der Tischplatte etwa 1/2 cm dick ausrollen, Sterne ausstechen, auf ein mit Backtrennpapier belegtes Backblech legen, mit
2 Eßl. Milch	bestreichen, in den vorgeheizten Backofen schieben.
Strom:	175–200
Gas:	3–4
Backzeit:	Etwa 10 Minuten25

UNSER TIP

Im Gegensatz zu Backpapier besitzt das transparente Pergamentpapier keinen Antiklebeeffekt und muß beim Backen stets gut eingefettet werden.

UNSER TIP

Bei einem gebackenen Käsekuchen mit brauner Oberfläche läßt es sich nicht verhindern, daß der Kuchen beim Abkühlen etwas einfällt. Um ein möglichst gutes Ergebnis zu erzielen, sollte man den Kuchen nach dem Backen noch 15–30 Minuten bei geöffneter Backofentür im Backofen stehen lassen. Durch das langsamere Abkühlen fällt der Kuchen nicht ganz so stark ein.

Käsekuchen mit Streuseln

	Für den Teig
150 g Weizenmehl	mit
1 1/2 gestrichenen Teel. Backpulver	mischen, in eine Rührschüssel sieben,
75 g Zucker	
1 Päckchen Vanillin-Zucker	
Salz	
1 Ei	
75 g weiche Butter	hinzufügen, die Zutaten mit einem Handrührgerät mit Knethaken zunächst auf niedrigster, dann auf höchster Stufe gut durcharbeiten, anschließend auf der Tischplatte zu einem glatten Teig verkneten, sollte der Teig kleben, ihn eine Zeitlang kalt stellen, gut 2/3 des Teiges auf dem gefetteten Boden einer Springform (Durchmesser etwa 28 cm) ausrollen, unter den Rest des Teiges
1 gestrichenen Eßl. Weizenmehl	kneten, zu einer Rolle formen, die Rolle am Rand der Form entlang auf den Teigboden legen, so an die Form drücken, daß ein etwa 3 cm hoher Rand entsteht, den Teigboden mehrmals mit einer Gabel einstechen, die Form auf dem Rost in den vorgeheizten Backofen schieben.
Strom:	200–225, Gas: 3–4
Backzeit:	Etwa 10 Minuten
	für die Füllung
750 g Speisequark	mit
150 g Zucker	
3 Eßl. Zitronensaft	
50 g Speisestärke	
3 Eigelb	gut verrühren,
3 Eiweiß	und
250 ml (1/4 l) Schlagsahne	steif schlagen, beide Zutaten unter die Quarkmasse heben, gleichmäßig auf den vorgebackenen Boden streichen,
	für die Streusel
100 g Weizenmehl	in eine Rührschüssel sieben,
75 g Zucker	
1 Päckchen Vanillin-Zucker	
75 g weiche Butter	hinzufügen, mit dem Handrührgerät mit Knethaken zu Streuseln von gewünschter Größe verarbeiten, gleichmäßig auf der Füllung verteilen.
Strom:	Etwa 175
Gas:	2–3
Backzeit:	70–80 Minuten

Badener Walnußtorte

	Für den Teig
200 g Marzipanrohmasse	in kleine Stücke schneiden, nach und nach
7 Eigelb	
abgeriebene Schale von 1 unbehandelten Zitrone	
1 Päckchen Vanillin-Zucker	
Salz	unterrühren, mit einem elektrischen Handrührgerät cremig rühren,
7 Eiweiß	steif schlagen, dabei unter ständigem Schlagen nach und nach
180 g Zucker	hinzufügen, den Eierschnee auf die Eigelbcreme geben,
200 g gemahlene Walnußkerne	daraufgeben,
120 g Weizenmehl	mit
6 g (2 gestrichene Teel.) Backpulver	mischen, auf die gemahlenen Walnußkerne sieben, die Zutaten vorsichtig unter die Eigelbcreme heben,
100 g zerlassene, abgekühlte Butter	nach und nach unterziehen, den Teig in eine gefettete Springform (Ø etwa 26 cm) füllen, glattstreichen, die Form auf dem Rost in den vorgeheizten Backofen schieben.
Strom:	175–200
Gas:	3–4
Backzeit:	Etwa 40 Minuten den Tortenboden erkalten lassen,
	für den Guß
200 g Nußnougatmasse	mit
etwas Kokosfett	in einem kleinen Topf im Wasserbad geschmeidig rühren, die Torte damit bestreichen,
etwa 20 g dunkle Kuvertüre	geschmeidig rühren, in ein Pergamentpapiertütchen geben, die aufgelöste Kuvertüre von der Tortenmitte ausgehend, in Form einer Spirale auf den noch feuchten Tortenguß spritzen, ein spitzes Holzstäbchen in gleichmäßigen Abständen achtmal von der Tortenmitte zum Rand durch den noch feuchten Guß ziehen, diese Tortenachtel nochmals unterteilen, dazu das Holzstäbchen nun vom Rand zur Tortenmitte hin achtmal durch den Guß ziehen, so daß 16 Tortenstücke erkennbar sind, mit
halbierten Walnußkernen	garnieren, den Guß fest werden lassen.

Trüffeltorte

	Für den Teig
4 Eigelb	mit
3–4 Eßl. warmem Wasser	schaumig schlagen, nach und nach 2/3 von
175 g Zucker	mit
1 Päckchen Vanillin-Zucker	hinzugeben, so lange schlagen, bis eine cremeartige Masse entstanden ist,
4 Eiweiß	steif schlagen, nach und nach den Rest des Zuckers unterschlagen, den Schnee auf die Eigelbcreme geben,
100 g Weizenmehl	mit
100 g Speisestärke	
30 g Kakao	
3 gestrichenen Teel. Backpulver	mischen, darübersieben, unter die Eigelbcreme ziehen (nicht rühren), den Teig in eine gefettete, mit Pergamentpapier ausgelegte Springform (Ø 28 cm) füllen, in den vorgeheizten Backofen schieben.
Strom:	175–200
Gas:	3–4
Backzeit:	20–30 Minuten den Tortenboden gut auskühlen lassen,
	für die Füllung
125 g Butter	geschmeidig rühren,
150 g Puderzucker	mit
100 g Kakao	mischen, sieben, nach und nach abwechselnd mit
1 Ei	
1 Fläschchen Rum-Aroma	unterrühren, 16 Teel. davon abnehmen, jedesmal so viel, daß sich aus einem Teelöffel Masse eine kirschgroße Kugel formen läßt, die Masse kalt stellen, unter den Rest der Füllung
2 Eßl. Wasser	
1 Päckchen Vanillin-Zucker	rühren, den Tortenboden zweimal durchschneiden, mit der Kakaomasse füllen,
	für den Guß
100 g Schokolade	in kleine Stücke brechen, mit
etwas Kokosfett	in einem kleinen Topf im Wasserbad bei schwacher Hitze zu einer geschmeidigen Masse verrühren, die Torte gleichmäßig damit überziehen, den Rand und einen 2 cm breiten Rand auf der Torte mit
75 g Schokoladenstreuseln	bestreuen, aus der kalt gestellten Masse 16 Kugeln formen, in den restlichen Schokoladenstreuseln wälzen (in einem Kaffeesieb), kranzförmig auf die Torte legen.

Sirup-Sesam-Plätzchen

ohne Abbildung

250 g Weizen	fein mahlen, mit
2 schwach gehäufte Teel. Backpulver	in eine Rührschüssel geben, mischen,
250 g Sirup	
1 Eßl. Milch	
1 Messerspitze gemahlene Nelken	
1 Messerspitze gemahlene Muskatblüte	
50 g feingehacktes Orangeat	
50 g feingehacktes Zitronat	hinzufügen, die Zutaten zu einem glatten Teig verkneten, sollte er kleben, ihn eine Zeitlang kalt stellen, den Teig dünn ausrollen, beliebige Motive ausstechen, auf ein mit Backpapier belegtes Backblech legen, mit
Milch oder Schlagsahne	bestreichen, mit
Sesamsaat	bestreuen, das Backblech in den vorgeheizten Backofen schieben.
Strom:	175–200, Gas: 3–4
Backzeit:	Etwa 12 Minuten

UNSER TIP

Wer es gern „beschwipst" mag kann Schokoladenguß statt mit Wasser mit Rum oder Weinbrand und Zuckerguß statt mit Zitronensaft mit Himbeergeist oder Kirschwasser anrühren.

UNSER TIP

Nußnougatmasse ist eine konzentrierte weiche Rohmasse aus geschälten Nußkernen, Zucker und Kakaoerzeugnissen. Sie wird geschmolzen oder geschmeidig gerührt als Teigzusatz für Kuchen- und Tortenfüllungen und für Kuchenüberzüge verwendet.

UNSER TIP

Die Linzer Torte schmeckt am besten, wenn sie einige Tage durchgezogen ist, so daß sich die Aromen entwickeln können. Die Torte kann also 2—3 Tage vor dem Verzehr gebacken werden.

UNSER TIP

Buchweizen ist zum Backen gut geeignet. Buchweizen ist kein Getreide, sondern ein Knöterichgewächs. Er ist reich an Mineralstoffen, Vitaminen und Lecithin.

Gefüllter Bienenstich

Für den Teig
375 g Weizenvollkornmehl in eine Rührschüssel geben, mit
1 Päckchen Trocken-Backhefe sorgfältig vermischen,
60 g flüssigen Honig
Meersalz
1 Ei
30 g weiche Butter
250 ml (1/4 l) lauwarme Milch hinzufügen, die Zutaten mit einem Handrührgerät mit Knethaken zunächst auf niedrigster, dann auf höchster Stufe in etwa 5 Minuten zu einem geschmeidigen Teig verarbeiten, sollte er kleben, noch etwas Mehl hinzufügen, aber nicht zuviel, der Teig muß weich bleiben, den Teig an einem warmen Ort stehenlassen, bis er sich sichtbar vergrößert hat, ihn dann auf höchster Stufe nochmals gut durchkneten, ausrollen, in eine gefettete Springform (Durchmesser etwa 28 cm) geben, mehrmals mit einer Gabel einstechen,

für den Belag
60 g Butter mit
100 g Honig unter Rühren zerlassen,
125 g Mandelstifte
1 Prise Bourbonvanille unterrühren, die Masse etwas abkühlen lassen, gleichmäßig auf dem Teig verteilen, den Teig nochmals so lange an einem warmen Ort gehen lassen, bis er sich sichtbar vergrößert hat, die Form auf dem Rost in den vorgeheizten Backofen schieben.
Strom: 200–225
Gas: 3–4
Backzeit: 20–30 Minuten

Für die Füllung
3 Eßl. Weizenvollkornmehl mit
3 Eßl. von knapp 125 ml (1/8 l) Wasser verrühren, das restliche Wasser zum Kochen bringen, angerührtes Mehl einrühren, aufkochen lassen, kalt stellen,

60 g weiche Butter
1 Eigelb schaumig rühren,
80 g flüssigen Honig
1 Prise Bourbonvanille hinzufügen, die Zutaten mit dem Mehlbrei verrühren, den Tortenboden waagerecht einmal durchschneiden, die Masse auf dem unteren Boden glattstreichen, die Torte zusammensetzen.

Haselnußtorte mit Buchweizen

Für den Teig
6 Eigelb
100 g flüssigen Honig mit einem Handrührgerät mit Rührbesen auf höchster Stufe in etwa 2 Minuten schaumig schlagen,
6 Eiweiß mit
Meersalz sehr steif schlagen,
100 g Buchweizenmehl auf die Eigelbmasse geben,
75 g gemahlene Haselnußkerne hinzufügen, mit dem steif geschlagenen Eiweiß locker unterheben, den Teig in eine mit Backtrennpapier ausgelegte Springform (Durchmesser etwa 28 cm) füllen, backen.
Strom: 175, Gas: 2–3
Backzeit: 30 Minuten
Den Tortenboden gut auskühlen lassen, einmal durchschneiden, mit
2 Eßl. Orangenlikör beträufeln,
für die Füllung
2 unbehandelte Orangen waschen, abtrocknen, hauchdünn schälen, die Schale in feine Streifen schneiden, mit
2 Eßl. flüssigem Honig beträufeln,
je 1 Prise gemahlene Gewürznelken, Muskat hinzufügen, vermengen, 1 Stunde ziehen lassen, das Orangenfruchtfleisch häuten, in kleine Stücke schneiden,
375 ml (3/8 l) Schlagsahne 1/2 Minute schlagen,
2 Päckchen Sahnesteif einstreuen, die Sahne steif schlagen, ein Drittel der Sahne zurückbehalten, den Rest mit den Fruchtfleischstückchen und den gewürzten Orangenschalen vermengen, auf den unteren Tortenboden geben, zu einer Torte zusammensetzen, mit der restlichen Sahne bestreichen, die Torte nach Belieben mit
Orangenspalten garnieren.

Linzer Torte

ohne Abbildung

200 g Weizenmehl mit
1 gestrichenen Teel. Backpulver mischen, in eine Rührschüssel sieben,
125 g Zucker
1 Päckchen Vanillin-Zucker
2 Tropfen Backöl Bittermandel
1 Messerspitze gemahlene Nelken
1 gestrichenen Teel. Zimt
Salz
1/2 Eigelb
1 Eiweiß
125 g weiche Butter
125 g nicht abgezogene, gemahlene Mandeln hinzufügen, die Zutaten mit einem Handrührgerät mit Knethaken auf niedrigster, dann auf höchster Stufe gut durcharbeiten, anschließend auf der Tischplatte zu einem glatten Teig verkneten, knapp die Hälfte des Teiges zu einer Platte in der Größe einer Springform (Durchmesser etwa 28 cm) ausrollen, 16–20 Streifen daraus rädeln, den übrigen Teig auf dem Springformboden ausrollen, mit
100 g Himbeerkonfitüre bestreichen, dabei am Rand etwa 1 cm Teig freilassen, die Teigstreifen gitterförmig über die Konfitüre legen,
1/2 Eigelb mit
1 Teel. Milch verschlagen, die Teigstreifen damit bestreichen, in den vorgeheizten Backofen schieben.
Strom: 175–200
Gas: 3–4
Backzeit: 25–30 Minuten

UNSER TIP

Die klassische Verzierung des Rehrückens besteht aus Mandelstiften. Dazu werden die Mandeln geschält und in Stifte geschnitten. Es empfiehlt sich, die Löcher für die Mandelstifte mit einem Zahnstocher vorzustechen.

Rehrücken

	Für den Teig
100 g Butter	geschmeidig rühren, nach und nach
150 g Zucker	und
4 Eier	unterrühren,
100 g Schokolade	reiben, hinzufügen,
50 g Weizenmehl	mit
2 Päckchen Schokoladen-Puddingpulver	und
1 1/2 Teel. Backpulver	mischen, sieben, eßlöffelweise unterrühren,
evtl. 2 Eßl. Milch	dazugeben, nur so viel Milch verwenden, daß der Teig schwerreißend vom Löffel fällt,
75 g gemahlene Mandeln	unter den Teig heben, den Teig in eine gefettete Form auf dem Rost in den vorgeheizten Backofen schieben.
Strom:	175–200, Gas: 2–3
Backzeit:	50–60 Minuten den gebackenen Kuchen aus der Form stürzen, für den Guß
125 g Kuvertüre	mit
1 Teel. Kokosfett	in einem kleinen Topf im heißen Wasserbad geschmeidig rühren, den erkalteten Rehrücken damit bestreichen, auf den noch feuchten Guß
Gebäck-Schmuck	in Form eines Schleifenbandes streuen.

Nußringe

ohne Abbildung

280 g Weizenvollkornmehl	in eine Rührschüssel geben,
110 g gemahlene Haselnußkerne	
1 Messerspitze Bourbon-Vanille	
1 Ei	
150 g flüssigen Honig	
150 g weiche Butter	hinzufügen, die Zutaten mit dem Knethaken des Handrührgeräts auf mittlerer Stufe zu einem glatten Teig verkneten, abgedeckt kalt stellen, den Teig auf einer Tischplatte etwa 1/2 cm dick ausrollen, Ringe ausstechen, die Plätzchen auf ein mit Backtrennpapier belegtes Backblech legen,
1 Eigelb	mit
1 Eßl. Milch	verrühren, das Gebäck damit bestreichen, das Blech in den vorgeheizten Backofen schieben.
Strom:	175–200
Gas:	3–4
Backzeit:	Etwa 10 Minuten

Feine Schokoladen-Torte

175 g zartbittere Schokolade	im heißen Wasserbad geschmeidig rühren, aus dem Wasserbad nehmen, in eine Schüssel geben,
175 g weiche Butter	hinzufügen, nach und nach
175 g Zucker	
3 Eier, 4 Eigelb	unterrühren,
125 g feines Semmelmehl	eßlöffelweise hinzufügen,
3 Eiweiß	steif schlagen, unterheben, den Teig in eine gut gefettete Springform (Durchmesser etwa 28 cm) füllen, glattstreichen, backen.
Strom:	Etwa 175, Gas: Etwa 3
Backzeit:	Etwa 45 Minuten
	Den ausgekühlten Tortenboden einmal durchschneiden, den Boden mit 3 von
6 Eßl. Aprikosen-Konfitüre	bestreichen, mit dem oberen Boden bedecken, die restliche Konfitüre durch ein Sieb streichen und die Torte ganz damit bestreichen, für den Guß
75 g zartbittere Schokolade	in Stücke brechen, in einem kleinen Topf im heißen Wasserbad geschmeidig rühren,
1 Eiweiß	mit
60 g Zucker	gut verrühren, die aufgelöste Schokolade unterrühren, bis der Guß glänzt, die Torte damit bestreichen, trocknen lassen, mit
gesiebtem Kakao	bestäuben.

Zimt- und Nußbricelets

ohne Abbildung

150 g Butter	geschmeidig rühren, nach und nach
150 g Zucker	
1 Päckchen Vanillin-Zucker	
3 Eier	
10 g gemahlenen Zimt	
1 Messerspitze gemahlenen Kardamom	unterrühren,
300 g Weizenmehl	sieben, eßlöffelweise unterrühren, unter die Hälfte des Teiges
50 g gemahlene Haselnußkerne	rühren, die beiden Teigsorten eine Zeitlang kalt stellen, anschließend aus dem Teig daumendicke Rollen formen, knapp 2 cm lange Stücke davon abschneiden, zu Kugeln rollen, wieder kalt stellen, je 1 Kugel in die Mitte eines leicht gefetteten, gut erhitzten Eiserkucheneisens legen, von beiden Seiten goldbraun backen.

UNSER TIP

Die Schokoladentorte sollte mindestens 1–2 Tage vor dem Verzehr gebacken werden, weil sie etwas durchgezogen am besten schmeckt. Die Torte eignet sich besonders gut für Feste, weil sie am Tag der Feier keine Arbeit macht.

Marzipan-Butter-Pralinen

250 g Marzipan-Rohmasse	mit
60 ml Kirschwasser	
10 g Puderzucker	
Mark von 1 Vanilleschote	verkneten,
150 g Butterschmalz	schaumig schlagen, die Marzipanmasse nach und nach unterrühren, die Masse in einen Spritzbeutel mit Sterntülle füllen, auf kleine Schokoladen- oder hauchdünne Mürbeteigplättchen spritzen, jeweils 1/2 von
75 g gerösteten Mandeln	daraufstecken,
100 g Kuvertüre	im Wasserbad zerlassen, die Pralinen damit überziehen.

UNSER TIP

Nach Belieben können die Marzipan-Butter-Pralinen nach dem Festwerden des Gusses mit heller Kuvertüre besprenkelt werden. Die Pralinen in Papierförmchen setzen und in Dosen verpackt kühl aufbewahren.

Prinzregententorte

	Für den Teig
250 g Butter	geschmeidig rühren, nach und nach
250 g Zucker	
1 Päckchen Vanillin-Zucker	
4 Eier	
Salz	unterrühren,
200 g Weizenmehl	
50 g Speisestärke	
1 gestrichenen Teel. Backpulver	mischen, sieben, eßlöffelweise unterrühren, aus dem Teig 8 Böden backen, knapp 2 Eßl. des Teiges jeweils auf einen gefetteten Springformboden (Ø etwa 28 cm) streichen, darauf achten, daß die Teiglage am Rand nicht zu dünn ist, damit der Boden dort nicht zu dunkel wird, jeden Boden ohne Springformrand im vorgeheizten Backofen backen, bis er hellbraun ist.
Strom:	175–200
Gas:	3–4
Backzeit:	8–10 Minuten
	Für die Buttercreme
1 Päckchen Puddingpulver	

Schokoladengeschmack	mit
10 g Kakao	
100 g Zucker	mischen, mit 6 Eßl. von
500 ml (1/2 l) kalter Milch	anrühren, die übrige Milch zum Kochen bringen, das Puddingpulver unter Rühren in die von der Kochstelle genommene Milch geben, kurz aufkochen lassen, kalt stellen, ab und zu durchrühren,
250 g Butter	geschmeidig rühren, den Pudding eßlöffelweise daruntergeben, dabei darauf achten, daß weder Fett noch Pudding zu kalt sind, weil dann die sogenannte Gerinnung eintritt, die einzelnen Böden mit der Buttercreme bestreichen, aber 2–3 Eßl. zum Verzieren zurücklassen, zu einer Torte zusammensetzen, die oberste Schicht muß aus einem Boden bestehen, für den Guß
100 g Schokolade	in kleine Stücke brechen, mit
etwas Kokosfett	in einem kleinen Topf im heißen Wasserbad bei schwacher Hitze zu einer geschmeidigen Masse verrühren, die Torte damit überziehen, mit der zurückgelassenen Creme verzieren, mit
Schokoladentäfelchen	garnieren.

Calvadospralinen

4 getrocknete Apfelringe	sehr fein würfeln, mit
3 Eßl. Calvados	übergießen, zugedeckt 3–4 Stunden ziehen lassen,
200 ml Schlagsahne	zum Kochen bringen, von der Kochstelle nehmen,
250 g halbbittere Kuvertüre	fein schneiden, mit
100 g Kokosfett	in die Sahne geben, unter Rühren auflösen, abkühlen lassen, bis die Masse halbfest ist, dann cremig aufschlagen, die Apfelstückchen mit dem Calvados unterrühren, die Masse in einen Spritzbeutel mit weiter Lochtülle geben, Tuffs in Pralinenförmchen spritzen, mit
halbierten Pistazienkernen	garnieren.

UNSER TIP

Apfelringe selbst trocknen: Äpfel schälen, Kerngehäuse ausstechen, in Ringe schneiden. Die Apfelringe auf dem Rost bei Strom 40–50 (Gas: 1) trocknen lassen, dabei die Backofentür 2–3 fingerbreit offen lassen.

Muzenmandeln

500 g Weizenmehl	mit
2 gestrichenen Teel. Backpulver	mischen, auf die Tischplatte sieben, in die Mitte eine Vertiefung eindrücken,
150 g Zucker	
3–4 Tropfen Backöl Bittermandel	
1 Fläschchen Rum-Aroma	
3 Eier	hineingeben, mit einem Teil des Mehls zu einem dicken Brei verarbeiten,
150 g kalte Butter oder Margarine	in Stücke schneiden, auf den Brei geben, mit Mehl bedecken, von der Mitte aus alle Zutaten schnell zu einem glatten Teig verkneten, sollte er kleben, ihn eine Zeitlang kalt stellen, den Teig etwa 1 cm dick ausrollen, Mutzenmandeln ausstechen, schwimmend in siedendem
Ausbackfett (Speiseöl, Schweineschmalz oder Kokosfett)	goldgelb backen, mit einem Schaumlöffel herausnehmen, auf einem Kuchenrost gut abtropfen lassen, noch heiß mit gesiebtem Puderzucker bestäuben.

Biskuittorte mit Apfelringen

	Für den Teig
4 Eier	
2–4 Eßl. heißes Wasser	mit einem elektrischen Handrührgerät mit Rührbesen auf höchster Stufe in 1 Minute schaumig schlagen,
125 g Zucker	in 1 Minute einstreuen, dann noch etwa 2 Minuten schlagen,
100 g Weizenmehl	mit
75 g Speisestärke	
2 gestrichenen Teel. Backpulver	mischen, die Hälfte davon auf die Eiercreme sieben, kurz auf niedrigster Stufe unterrühren, den Boden einer Springform (Durchmesser etwa 28 cm) ausfetten, mit Back-Trennpapier auslegen, den Teig hineinfüllen, die Form in den vorgeheizten Backofen schieben.
Strom:	175–200
Gas:	3–4
Backzeit:	20–30 Minuten
	Den Tortenboden sofort nach dem Backen auf einen Kuchenrost stürzen, das Papier abziehen, den Boden auskühlen lassen, einmal durchschneiden,

UNSER TIP

Für das einwandfreie Gelingen von Fettgebackenem ist die Auswahl des richtigen Fettes und seine Temperatur sehr wichtig. Im Handel werden gute Fette angeboten. Wer keine Friteuse mit Temperaturregler besitzt, sollte die Temperatur des Fettes prüfen, indem er einen Holzlöffel in das Fett hält: Bilden sich am Stiel Bläschen, so ist die Temperatur richtig. Es sollte immer soviel Fett im Topf (Friteuse) sein, daß die Teigstücke schwimmen können.

UNSER TIP

Bei der Zubereitung der Weincreme ist es wichtig, die Creme im Wasserbad nicht zu überhitzen, weil sie sonst gerinnt (ausflockt).

	für den Belag
1 kg säuerliche Äpfel	schälen, das Kerngehäuse ausstechen, die Äpfel in etwa 1 cm dicke Ringe schneiden,
375 ml (3/8 l) Weißwein	mit
50 g Zucker	
2 Eßl. Zitronensaft	zum Kochen bringen, die Apfelringe hineingeben, zugedeckt darin nicht zu weich dünsten, in dem Weinsud erkalten lassen,
6 Blatt weiße Gelatine	in
kaltem Wasser	einweichen, gut ausdrücken, die Apfelringe abtropfen lassen, den Weinsud auffangen,
	für die Creme den Weinsud auf 250 ml (1/41) mit
Wasser	auffüllen, mit
3 Eigelb	
50 g Zucker	im heißen Wasserbad cremig schlagen, die ausgedrückte Gelatine gut unterrühren, die Creme unter Rühren erkalten lassen,
250 ml (1/4 l) gut gekühlte Schlagsahne	steif schlagen, sobald die Creme beginnt dicklich zu werden, die Schlagsahne unterziehen,
1–2 Eßl. Calvados	unterheben, den Boden mit
200 g Brombeergelee	bestreichen, dicht an dicht mit Apfelringen belegen, den Springformring um die Torte setzen, nun die Creme auf die Äpfel streichen, den oberen Tortenboden darauf legen, etwas andrücken und die Torte etwa 30–40 Minuten kühlstellen, dann mit weiteren
200 g Brombeergelee	bestreichen, mit den restlichen Apfelringen belegen, die Apfelöffnungen mit
50 g Brombeergelee	ausfüllen, die Torte aus dem Springformring lösen, den Tortenrand mit
abgezogenen, gehobelten, leicht gebräunten Mandeln	bestreuen.

UNSER TIP

Apfelringe für den Belag der Biskuittorte können anstatt in Weißwein in Apfelsaft gedünstet werden. Nach Belieben kann zusätzlich 1/2 Zimtstange hinzugefügt werden.

UNSER TIP

Eberswälder Spritzkuchen ist bekannt nach dem Ort Eberswalde bei Frankfurt an der Oder. Ein Gebäck, das nicht nur in der Advent- und Weihnachtszeit gebacken wird, sondern sich das ganze Jahr über großer Beliebtheit erfreut.

UNSER TIP

Ungeschälte Mandeln sind nicht nur billiger, sie haben auch mehr Aroma. Zum Abziehen der Schale die Mandeln mit kochendem Wasser übergießen, zwei bis drei Minuten stehen lassen und dann die Mandeln zwischen Daumen und Zeigefinger aus der Schale drücken.

Holländer Kuchen

Abbildung Seite 106–107

	Für den Knetteig
150 g Weizenmehl	mit
1/2 gestrichenen Teel. Backpulver	mischen, in eine Rührschüssel sieben
75 g Zucker	
1 Päckchen Vanillin-Zucker	
Salz, 1 Ei	
75 g weiche Butter	hinzufügen, die Zutaten mit einem Handrührgerät mit Knethaken zunächst kurz auf niedrigster, dann auf höchster Stufe gut durcharbeiten, anschließend auf der Tischplatte zu einem glatten Teig verkneten, den Teig etwa 30 Minuten kalt stellen, den Teig dünn ausrollen, eine gut gefettete Rosetten- oder Springform (Durchmesser etwa 28 cm) damit auslegen, den Teigboden mit
2 Eßl. Semmelmehl	bestreuen
500 g Sauerkirschen (aus dem Glas)	abtropfen lassen, auf dem Teigboden verteilen,
	für den Rührteig
200 g Marzipanrohmasse	mit
175 g weicher Butter	mit einem Handrührgerät mit Rührbesen auf höchster Stufe in etwa 1/2 Minute geschmeidig rühren, nach und nach
100 g Zucker	
2 Eßl. Kirschwasser	unterrühren, so lange rühren, bis eine gebundene Masse entstanden ist,
4 Eier	nach und nach unterrühren (jedes Ei etwa 1/2 Minute),
125 g Weizenmehl	mit
1 Teel. Backpulver	mischen, sieben, eßlöffelweise auf mittlerer Stufe unterrühren, den Teig auf die Kirschen geben, glattstreichen, die Form auf dem Rost in den vorgeheizten Backofen schieben,
Strom:	175–200
Gas:	3–4
Backzeit:	Etwa 1 Stunde
	den Kuchen nach dem Backen etwa 5 Minuten in der Form stehen lassen, dann stürzen
125 g Puderzucker	sieben, mit
2 Eßl. Kirschsaft	zu einer dickflüssigen Masse verrühren, die Kuchenoberfläche damit bestreichen, den Kuchenrand mit
gehobelten, gebräunten Mandeln	bestreuen.

Eberswälder Spritzkuchen

	Für den Teig
250 ml (1/4 l) Wasser	
50 g Margarine	am besten in einem Stieltopf zum Kochen bringen,
150 g Weizenmehl	mit
30 g Speisestärke	mischen, sieben, auf einmal in die von der Kochstelle genommene Flüssigkeit schütten, zu einem glatten Kloß rühren, unter Rühren etwa 1 Minute erhitzen, den heißen Kloß sofort in eine Rührschüssel geben, nach und nach
25 g Zucker	
1 Päckchen Vanillin-Zucker	
4–6 Eier	mit einem Handrührgerät mit Knethaken auf höchster Stufe unterarbeiten, die weitere Eizugabe erübrigt sich, wenn der Teig stark glänzt und so von einem Löffel abreißt, daß lange Spitzen hängenbleiben,
1 gestrichenen Teel. Backpulver	in den erkalteten Teig arbeiten, ihn in einen Spritzbeutel mit weiter Tülle füllen, auf gefettete Pergamentpapiere (etwa 10 x 10 cm groß) in Form von Kränzen spritzen, durch Eintauchen der Papiere in siedendes
Ausbackfett	die Kränzchen lösen, schwimmend auf beiden Seiten hellbraun backen, mit einem Schaumlöffel herausnehmen, auf einem Kuchenrost abtropfen lassen,
	für den Guß
200 g Puderzucker	sieben, mit
2 Eßl. Zitronensaft	
etwa 2 Eßl. heißem Wasser	glattrühren, so daß eine dickflüssige Masse entsteht, das Gebäck damit überziehen.

Bananenhörnchen

	Für den Teig
150 g Magerquark	mit
6 Eßl. Milch	
6 Eßl. Speiseöl	
75 g Zucker	
1 Päckchen Vanillin-Zucker	
Salz	verrühren,
300 g Weizenmehl	mit
1 Päckchen Backpulver	mischen, sieben, gut die Hälfte des Mehls zu dem Quark geben, unterrühren, das restliche Mehl unterkneten, den Teig ausrollen, in 10 Quadrate von 12 x 12 cm schneiden,
	für die Füllung
4–5 Bananen	schälen, je nach Größe in 2 bzw. 3 Stücke schneiden, jedes Teigstück mit
Aprikosenkonfitüre	bestreichen, jeweils 1 Bananenstück darauflegen, ebenfalls mit Aprikosenkonfitüre bestreichen, die Teigränder mit
verschlagenem Eiweiß	bestreichen und jeweils von einer Ecke her aufrollen, so daß Hörnchen entstehen, die Teighörnchen auf ein gefettetes Backblech legen,
1 Eigelb	mit
1 Eßl. Milch	verrühren, die Hörnchen damit bestreichen, nach Belieben mit
abgezogenen, gehobelten Mandeln	
Hagelzucker	bestreuen, das Backblech in den vorgeheizten Backofen schieben.
Strom:	175–200
Gas:	3–4
Backzeit:	15–20 Minuten
	Die Bananenhörnchen warm mit
Schlagsahne oder Vanillesoße	servieren.

Puddingkuchen

	Für den Teig
500 g Weizenmehl	in eine Schüssel sieben, mit
1 Päckchen Trocken-Backhefe	sorgfältig vermischen,
75 g Zucker	
1 Päckchen Vanillin-Zucker	
Salz	
75 g zerlassene, lauwarme Butter	
1 Ei	
250 ml (1/4 l) lauwarme Milch	hinzufügen, alles mit einem Handrührgerät mit Knethaken zuerst auf der niedrigsten, dann auf der höchsten Stufe in etwa 5 Minuten zu einem Teig verarbeiten, an einem warmen Ort so lange stehenlassen, bis er doppelt so hoch ist, ihn dann auf der Tischplatte nochmals gut durchkneten, 2/3 des Teiges auf einem gefetteten Backblech ausrollen, an den Rändern etwas hochdrücken,
	für die Füllung
2 Päckchen Puddingpulver Vanillegeschmack	
80 g Zucker	mit 8 Eßl. von
1 l kalter Milch	anrühren, die restliche Milch zum Kochen bringen, von der Kochstelle nehmen, das angerührte Puddingpulver langsam unter Rühren hineingeben, kurz aufkochen lassen, während des Erkaltens ab und zu durchrühren, die Füllung auf den Teig geben, glattstreichen, den restlichen Teig in Größe des Backblechs ausrollen, auf die Füllung legen, an den Seiten gut andrücken, die Teigplatte mit einer Gabel mehrmals einstechen, den Teig nochmals an einem warmen Ort stehenlassen, bis er etwa doppelt so hoch ist, erst dann in den vorgeheizten Backofen schieben.
Strom:	200–225
Gas:	4–5
Backzeit:	15–20 Minuten
	Für den Guß
100 g Zartbitterschokolade	in kleine Stücke brechen, mit
25 g Kokosfett	in einem kleinen Topf im heißen Wasserbad zu einer geschmeidigen Masse verrühren, den erkalteten Kuchen damit bestreichen, mit
geraspelter Schokolade	bestreuen.

Roggenkekse

ohne Abbildung

300 g Roggenmehl	mit
1/2 Päckchen Backpulver	mischen, auf die Tischplatte sieben, in die Mitte des Mehls eine Vertiefung eindrücken,
100 g Zucker	
1 Päckchen Vanillin-Zucker	
4 Eßl. Milch	
Salz	
1 Messerspitze gemahlenen Zimt	hineingeben, mit einem Teil des Mehls zu einem dicken Brei verarbeiten,
150 g kalte Butter	in Stücke schneiden, daraufgeben, mit Mehl bedecken, von der Mitte aus alle Zutaten zu einem glatten Teig verkneten, den Teig 1–2 Stunden kalt stellen, ihn 2–3 mm dick ausrollen, in 2–3 cm breite Streifen, dann in Rauten rädern, auf ein mit Backtrennpapier belegtes Backblech legen, mit
Kondensmilch	bestreichen, mit einer Mischung aus
Zimt	und
Zucker	bestreuen, das Backblech in den vorgeheizten Backofen schieben.
Strom:	170–200
Gas:	3–4
Backzeit:	Etwa 10 Minuten

UNSER TIP

Roggenmehl ist ein dunkles, kräftiges Mehl voll wertvoller Mineralstoffe. Es enthält verdauungsfördernde Ballaststoffe und höherwertiges Eiweiß als die meisten anderen Getreidearten.

Ananasbissen

4 Eiweiß	steif schlagen, nach und nach
125 g Zucker	unterschlagen,
125 g abgezogene, gemahlene Mandeln	
100 g abgetropfte, gehackte Ananasstücke (aus der Dose)	unterheben, von dem Teig mit 2 Teelöffeln jeweils Häufchen auf
etwa 55 Backoblaten (Ø etwa 5 cm)	geben, die Oblaten auf ein mit Backtrennpapier belegtes Backblech setzen, in den vorgeheizten Backofen schieben.
Strom:	Etwa 150, Gas: Etwa 2
Backzeit:	Etwa 30 Minuten

Rumkugeln

Etwa 75 Stück, ohne Abbildung

Etwa 500 g Biskuitbodenreste	zerkrümeln, in eine Rührschüssel geben,
4 Eßl. Rum	
250 ml (1/4 l) Wasser	mischen, die Biskuitkrümel damit beträufeln,
125 g Kokosfett	zerlassen, abkühlen lassen,
65 g Puderzucker	
20 g Back-Kakao	in eine Rührschüssel sieben,
1 Päckchen Vanillin-Zucker	
1 Fläschchen Rum-Aroma	hinzufügen,
1 Ei	sowie nach und nach das Kokosfett unterrühren, die Masse unter die Biskuitkrümel rühren, etwa 15 Kugeln daraus formen, in
etwa 75 g Schokoladenstreuseln	wälzen, kalt stellen, damit sie fest werden.

UNSER TIP

Helle und dunkle Raspelschokolade gibt es fertig zu kaufen. Wer sie selbst herstellen möchte, legt dazu Schokoladenkuvertüre in den Kühlschrank und schabt mit einem scharfen Messer dünne Stückchen von der gut gekühlten Kuvertüre.

UNSER TIP

Pralinen sollten in Glas- oder Porzellandosen oder verpackt in Zellophantütchen kühl aufbewahrt werden. Sie eignen sich gut als kleines Mitbringsel, sollten dann aber noch besonders liebevoll mit Schleifen, Blüten oder Zweigen verziert werden.

Erdnuß-Ingwer-Kekse

Für den Teig

125 g Erdnußkerne fein mahlen, mit

225 g gesiebtem Weizenmehl
100 g weicher Butter
100 g Zucker, Salz
1/4 Teel. gemahlenem Ingwer
2 Eigelb
abgeriebener Zitronenschale mit dem elektrischen Handrührgerät mit Knethaken oder in der Küchenmaschine zu einem glatten Teig verarbeiten, den Teig auf der Tischplatte nochmals durchkneten, zu einer Rolle formen, in Alufolie gewickelt 1 Stunde kühl stellen, den Teig dünn ausrollen, runde Plätzchen ausstechen, die Plätzchen auf ein Backblech legen, in den auf etwa 180 (Gas: 3–4) vorgeheizten Backofen schieben und etwa 15 Minuten backen lassen,

für den Orangenguß

150 g gesiebten Puderzucker mit

2 Eßl. Orangensaft
1 Eßl. Orangenlikör verrühren, die etwas abgekühlten Plätzchen damit bestreichen, jedes Plätzchen mit 3 sternförmig angeordneten

Erdnußkernhälften oder mit

kandiertem Ingwer belegen,

150 g gesiebten Puderzucker mit

1 Eßl. heißem Wasser
1 Eßl. Rum verrühren, die Masse in dicken Tupfen auf die Plätzchen geben, mit

kandierten Ingwerstücken belegen, mit

Erdnußkernhälften garnieren, oder

für Himbeerhäufchen aus dem Teig walnußgroße Kugeln formen, in die Mitte eine Vertiefung eindrücken und in jede Kugel jeweils eine von

etwa 250 g frischen Himbeeren hineingeben, wieder rund formen, die Teigkugeln auf ein Backblech setzen, jeweils mit 1 Erdnußkern garnieren, mit

verschlagenem Eigelb bestreichen und in den auf etwa 180 (Gas: Etwa 3) vorgeheizten Backofen schieben, 15–18 Minuten backen, die heißen Himbeerhäufchen mit

Puderzucker bestäuben, oder

für falsche Bethmännchen aus dem Teig walnußgroße Kugeln formen, auf jede Kugel 6 Erdnußkernhälften drücken, auf ein Backblech legen und backen wie die Himbeerhäufchen,

100 g gesiebten Puderzucker mit

2 Eßl. Rum verrühren und die Kugeln dünn damit bestreichen.

UNSER TIP

Ingwer ist ein Gewürz aus dem Wurzelstock der Ingwerpflanze. Frisch, gemahlen, getrocknet, eingelegt in Sirup oder kandiert wird Ingwer angeboten. Er hat einen stark würzigen, leicht brennenden Geschmack.

UNSER TIP

Zitronat (Sukkade) ist die kandierte Früchteschale der Zitronatzitrone. In halben Schalen oder klein geschnitten im Angebot.

Butterplätzchen

Etwa 40 Stück, ohne Abbildung

	Für den Teig
250 g weiche Butter	cremig schlagen, dabei nach und nach
130 g Zucker	unterschlagen,
1 Eiweiß	
Salz	
2 Teel. Vanillin-Zucker	hinzufügen, gut unterrühren,
350 g Weizenmehl	sieben, ebenfalls nach und nach unterkneten, den Teig zu einer Kugel formen, etwa 2 Stunden kalt stellen, den Teig dünn ausrollen und Herzen, Ringe und Kreise ausstechen, auf ein mit Backpapier belegtes Backblech setzen und in dem auf etwa 200 (Gas: 3–4) vorgeheizten Backofen etwa 8 Minuten backen,
	zum Füllen und Bestreuen
100 g Johannisbeergelee	erwärmen, die Kreise mit dem Gelee bestreichen, einen Teil der Ringe mit
gesiebtem Puderzucker	bestäuben, die bestrichenen Plätzchen mit den Ringen belegen, die übrigen Plätzchen mit
verschlagenem Eiweiß	bestreichen, mit
Schokoladen- und bunten Zuckerstreuseln	bestreuen.

Florentiner

Etwa 35 Stück

60 g Orangeat	
60 g Zitronat	jeweils fein hacken,
125 g Mandelsplitter	mit dem Zitronat, dem Orangeat,
125 g Zucker	
1 Eßl. Butter	
125 ml (1/8 l) Schlagsahne	in einer Pfanne vermengen, die Masse unter Rühren bei schwacher Hitze etwa 3 Minuten kochen lassen,
2 Eßl. Weizenmehl	unterrühren, von der Masse mit 2 Teelöffeln Häufchen auf ein mit Backpapier ausgelegtes Backblech setzen, die Florentiner etwa 5 Minuten bei 175–200 (Gas: 2–3) backen, aus dem Backofen nehmen und eventuell mit großen, runden Ausstechern nachformen, vom Backpapier lösen,
	für die Glasur
120 g Zartbitterschokolade	in Stücke brechen, mit
3 Eßl. Wasser	in einem kleinen Topf unter Rühren erhitzen, auflösen, die Florentiner mit der Unterseite hineintauchen, auf Pergamentpapier trocknen lassen.

Glückspilze

Für den Teig

400 g Weizenmehl mit
1/2 gestrichenen Teel. Backpulver mischen, in eine Rührschüssel sieben,
75 g Zucker
1 Päckchen Vanillin-Zucker
Salz, 2 Eier
150 g weiche Butter hinzufügen,
die Zutaten mit einem Handrührgerät mit Knethaken zunächst kurz auf niedrigster, dann auf höchster Stufe gut durcharbeiten, anschließend auf der Tischplatte zu einem glatten Teig verkneten, ihn eine Zeitlang kalt stellen, den Teig etwa 3 mm dick ausrollen, mit einer runden, gezackten Form (Durchmesser etwa 5 cm) Plätzchen ausstechen, auf ein Backblech legen, mit
Kondensmilch bestreichen, mit
200 g roten Belegkirschen
100 g grünen Belegkirschen
100 g abgezogenen, halbierten Mandeln in Form von Pilzen garnieren, das Backblech in den vorgeheizten Backofen schieben.
Strom: 175–200, Gas: 3–4
Backzeit: 10–12 Minuten

Zum Verzieren

50 g Puderzucker sieben, mit
etwas Wasser verrühren, so daß eine spritzfähige Masse entsteht, mit Hilfe eines Pergamentpapiertütchens als Tupfen auf die erkalteten Kirschen spritzen.

Dattelkonfekt

250 g Datteln entsteinen,
100 g Marzipanrohmasse (mit Honig gesüßt) in so viele Stücke schneiden, wie Datteln vorhanden sind, etwas länglich formen und anstelle des Steins in die Datteln drücken,
30–40 g Edelbitterschokolade (mit Sucanat) mit
etwas Kokosfett in einem kleinen Topf im heißen Wasserbad geschmeidig rühren, die Dattelenden in die Schokolade tauchen, im Kühlschrank fest werden lassen.

Zimtknusperchen

2 Eier	mit
200 g grobkörnigem Zucker	mit einem Handrührgerät mit Rührbesen auf höchster Stufe in 1–1 1/2 Minuten rühren,
3 Teel. gemahlenen Zimt	mit
1 Messerspitze gemahlenen Nelken	
65 g feingehacktem Zitronat (Sukkade)	
75–100 g abgezogenen, gemahlenen Mandeln	unterrühren,
250 g Weizenmehl	mit
1/2 Päckchen Backpulver	mischen, sieben, eßlöffelweise unterrühren, den Teig knapp 3 mm dick ausrollen, in Rechtecke (etwa 3 x 5 cm) schneiden oder rädern, die Rechtecke auf ein gefettetes, mit Backpapier belegtes Backblech legen,
1 kleines Ei	verschlagen, die Teigrechtecke damit bestreichen, mit
75–100 g abgezogenen, halbierten Mandeln	belegen, das Backblech in den vorgeheizten Backofen schieben, die fertigen, erkalteten Zimtknusperchen in gut schließende Dosen geben, etwa 10 Tage lang durchziehen lassen.
Strom:	175–200, Gas: 3–4
Backzeit:	12–15 Minuten

Ungebackene Birnenplätzchen

ohne Abbildung

300 g getrocknete, ungeschwefelte Birnen **300 g Kokosraspeln** **Saft und abgeriebene Schale von 1 unbehandelten Zitrone** **5 Eßl. Birnenlikör** **1 Eßl. cremigen Honig**	im Mixbecher der Küchenmaschine pürieren,
100 g feingehackte Haselnußkerne	unter Rühren so lange erhitzen, bis die Nüsse etwas gebräunt sind, abkühlen lassen, von dem Püree mit 2 Teelöffeln walnußgroße Häufchen abstechen, Kugeln formen, in den gerösteten Haselnußkernen wenden, kalt stellen.

UNSER TIP

Die Kokosmasse für die Kokosplätzchen kann man auch mit 1–2 Messerspitzen gemahlenem Zimt abschmecken, und anstelle des Bittermandel-Backöls können Arrak- oder Rum-Aroma verwendet werden.

Kokosplätzchen

	Für den Teig
250 g Weizenmehl	mit
1 gestrichenem Teel. Backpulver	mischen, auf die Tischplatte sieben, in die Mitte eine Vertiefung eindrücken,
75 g Zucker	
1 Päckchen Vanillin-Zucker	
2 Eigelb	hineingeben, mit einem Teil des Mehls zu einem dicken Brei verarbeiten,
125 g kalte Butter	in Stücke schneiden, auf den Brei geben, mit Mehl bedecken, alle Zutaten von der Mitte aus schnell zu einem glatten Teig verkneten, sollte er kleben, ihn eine Zeitlang kalt stellen, den Teig dünn ausrollen, mit zwei verschieden großen Formen (Durchmesser etwa 4,5 und 3 cm) ausstechen, die größeren Plätzchen auf ein gut eingefettetes Backblech legen, für den Belag
3 Eiweiß	zu steifem Schnee schlagen, er muß so fest sein, daß ein Messerschnitt sichtbar bleibt,
100 g Zucker	eßlöffelweise darunter schlagen,
175 g Kokosraspeln	
3 Tropfen Backöl Bittermandel	unterheben, die Kokosmasse in Häufchen auf die Teigplätzchen geben, jeweils ein kleines Teigplätzchen schräg daran legen,
1 Eigelb	mit
1 Teel. Kondensmilch	verschlagen, die kleinen Teigplätzchen damit bestreichen, in den vorgeheizten Backofen schieben.
Strom:	175–200, Gas: 3–4
Backzeit:	10–15 Minuten

Muzen

40 Stück, ohne Abbildung

50 g Butterschmalz	schmelzen, lauwarm abkühlen lassen, mit
40 g Zucker	
1 Teel. Vanillin-Zucker	
der abgeriebenen Schale von 1 unbehandelten Zitrone	
Salz, 1 Ei	
2 Eßl. Rum	schaumig rühren,
250 g Weizenmehl	unterrühren, den Teig etwa 3 mm dick ausrollen, etwa 7 cm lange Rauten ausschneiden,
750 g Butterschmalz	in einer Friteuse auf 170 erhitzen, die Muzen portionsweise beidseitig in 1–2 Minuten goldbraun ausbacken, abtropfen lassen, mit Puderzucker bestäuben.

Mandel-Ingwer-Krokant

250 g Zucker	in einem Topf schmelzen,
200 g Honig **10 g weiche Butter**	unter Rühren hinzufügen, so lange rühren, bis eine einheitliche Masse entstanden ist,
250 g abgezogene, gehobelte Mandeln **75–100 g feingewürfelten Ingwer (aus dem Glas)**	unterrühren, das Ganze zum Kochen bringen, einige Minuten unter ständigem Rühren kochen lassen, die Masse 1–2 cm dick auf ein gut mit
Speiseöl	ausgestrichenes Backblech streichen, etwas abgekühlt in kleine Rauten, Dreiecke oder Rechtecke schneiden, erkalten lassen,
etwa 100 g halbbittere Kuvertüre	in einem kleinen Topf im heißen Wasserbad geschmeidig rühren, die Mandel-Ingwer-Krokant-Stücke jeweils mit einer oder mit 2 Ecken hineintauchen, auf Pergamentpapier setzen, den Guß fest werden lassen, die Pralinen in gut schließenden Dosen kühl aufbewahren.

Dattelmakronen

ohne Abbildung

3 Eiweiß	steif schlagen, es muß so fest sein, daß ein Messerschnitt sichtbar bleibt, nach und nach
200 g Zucker **1 Päckchen Vanillin-Zucker** **1 Messerspitze gemahlenen Zimt** **1 Messerspitze gemahlene Nelken** **1 Fläschchen Rum-Aroma**	unterschlagen,
125 g entkernte Datteln	in kleine Stücke schneiden, mit
125 g abgezogenen, gehackten Mandeln	auf den Eierschnee geben,
30 g Speisestärke	darüber sieben, vorsichtig unterheben (nicht rühren), von dem Teig mit 2 Teelöffeln Häufchen auf ein gefettetes Backblech setzen, das Backblech in den vorgeheizten Backofen schieben.
Strom:	100–110
Gas:	1–2
Backzeit:	50–75 Minuten
	Die Dattelmakronen in gut schließenden Dosen aufbewahren.

UNSER TIP

Hübsch verpackt eignet sich der Mandel-Ingwer-Krokant besonders gut als kleines Geschenk: Dazu legt man den Krokant in ein Glasschälchen mit Deckel, verschließt den Deckel mit Tesaband und wickelt das Schälchen anschließend locker in Geschenk- oder Cellophanpapier ein. Wer keine Glasschälchen zur Hand hat, kann auch Cellophantütchen mit Aufklebern versehen und anschließend den Mandel-Ingwer-Krokant hineingeben.

UNSER TIP

Kardamom ist die getrocknete Kaspelfrucht der einjährigen Kardamompflanze. Kardamom ist ganz oder gemahlen im Angebot. Leicht brennender würziger Geschmack. Findet besonders bei der Weihnachtsbäckerei Verwendung.

Spekulatius

500 g Weizenmehl	mit
2 Teel. Backpulver	mischen, auf die Tischplatte sieben, in die Mitte des Mehls eine Vertiefung eindrücken,
250 g Zucker **1 Päckchen Vanillin-Zucker** **2 Tropfen Backöl Bittermandel** **je 2 Messerspitzen gemahlenen Kardamom**	und
gemahlene Nelken **1 Teel. gemahlenen Zimt**	
2 Eier	hineingeben, mit einem Teil des Mehls zu einem dicken Brei verarbeiten,
200 g kalte Butter	in Stücke schneiden, auf den Brei geben,
100 g abgezogene, gemahlene Haselnußkerne	darüber streuen, mit Mehl bedecken, von der Mitte aus alle Zutaten schnell zu einem glatten Teig verkneten, falls er kleben sollte, muß er eine Zeitlang kalt gestellt werden, den Teig dünn ausrollen, mit beliebigen Formen ausstechen, auf ein gefettetes Backblech legen, falls Holzmodel benutzt werden, den Teig in den gut bemehlten Model drücken, die Spekulatiusstücke aus dem Model schlagen, backen.
Strom:	175–200, Gas: 3–4
Backzeit:	Etwa 10 Minuten

Mandel-Nuß-Pralinen

ohne Abbildung

je 100 g abgezogene, gemahlene Mandeln	und
Walnußkerne	mit
200 g Marzipan-Rohmasse **100 g gesiebtem Puderzucker** **30 g gesiebtem Kakao** **50 ml (3–4 Eßl.) Pernod**	mit einem Handrührgerät mit Knethaken gut durcharbeiten, anschließend auf der Tischplatte zu einem glatten Teig verkneten, den Teig in 4 gleiche Portionen teilen, aus jeder Portion eine Rolle von etwa 15 cm Länge formen, jede Rolle in 10 gleichgroße Stücke schneiden, daraus Ovale formen, auf ein mit Alufolie belegtes Backblech oder Tablett legen, etwas flachdrücken, kühl stellen,
100 g Halbbitter-Kuvertüre **etwas Kokosfett**	in einem kleinen Topf im Wasserbad zu einer geschmeidigen Masse verrühren, mit einer Gabel leicht in die Pralinen stechen, sie bis zum Rand in die Kuvertüre tauchen, am Rand des Gefäßes etwas abstreifen, auf Pergamentpapier oder Alufolie setzen,
100 g Walnußkerne	mit der Unterseite in die Kuvertüre tauchen, auf die Oberseite jeder Praline 1 Kern leicht andrücken, kühl stellen.

Marzipan-Zuckerplätzchen

	Für den Teig
200 g Marzipan-Rohmasse	und
125 g Butter	gut verrühren, nach und nach
75 g Zucker	
1 Päckchen Vanillin-Zucker	
3 Tropfen Backöl Zitrone	
1 Ei	hinzugeben,
250 g Weizenmehl	mit
125 g Speisestärke	
3 g (1 gestrichener Teel.) Backpulver	mischen, sieben, 2/3 des Mehlgemisches eßlöffelweise unterrühren, den Rest des Mehls unterkneten, falls der Teig kleben sollte, muß er eine Zeitlang kalt gestellt werden, den Teig dünn ausrollen, mit beliebigen Formen ausstechen, auf ein gefettetes Backblech legen, mit
Milch	bestreichen,
125 g Zucker	
2 gestrichene Teel. gemahlenen Zimt	mischen, die Teigplätzchen damit bestreuen, in den vorgeheizten Backofen schieben.
Strom:	175–200, Gas: 3–4
Backzeit:	8–10 Minuten

Marschall-Törtchen

ohne Abbildung

	Für den Teig
1 Packung (300 g) tiefgekühlten Blätterteig	bei Zimmertemperatur auftauen (nicht noch einmal durchkneten), dünn ausrollen, mit einer runden Form (Durchmesser etwa 5 cm) ausstechen, die Teigplätzchen auf ein mit kaltem Wasser abgespültes Backblech legen, dünn mit
Aprikosenkonfitüre	bestreichen, für den Belag
3 Eiweiß	fast steif schlagen, nach und nach eßlöffelweise
150 g Zucker	unterschlagen, das Eiweiß anschließend völlig steif schlagen,
2 Tropfen Backöl Bittermandel	
150 g abgezogene, gemahlene Mandeln	vorsichtig unterheben, die Masse mit 2 Teelöffeln auf die Plätzchen verteilen, in den vorgeheizten Backofen schieben.
Strom:	200–225, Gas: 3–4
Backzeit:	Etwa 20 Minuten

UNSER TIP

Ausgefallene „Tischkarten" kann man aus Kleingebäck wie ausgestochenen Herzen, Sternen usw. herstellen. Auf das Gebäckteil mit Zuckerguß oder Kuvertüre die Namen spritzen und mit Zuckerperlen, -blüten sowie -blättern dekorieren.

Honigkuchen-Pärchen

250 g Honig, 100 g Zucker	mit
1 Päckchen Vanillin-Zucker	
1 Ei	
10 g (1 gestrichener Eßl.) gemahlenem Zimt	
je 1 Messerspitze gemahlenen Nelken	und
gemahlener Muskatblüte	
3 Tropfen Backöl Zitrone	
1/2 Fläschchen Rumaroma	gut verrühren,
500 g Weizenmehl	mit
1 Päckchen Backpulver	mischen, zu 2/3 unterrühren, den Rest unterkneten, den Teig gut 1 cm dick ausrollen, Figuren am besten nach Papierschablonen ausstechen, auf ein gefettetes Backblech legen, mit
Dosenmilch	bestreichen, mit
Gebäckschmuck	
Zuckerblümchen	
Mandeln, Rosinen	
Belegkirschen	
Pistazienkernen	
Schokoblättchen	garnieren, backen.
Strom:	175–200, Gas: 3–4
Backzeit:	Etwa 25 Minuten

Aprikosenkrapfen

etwa 40 Stück, ohne Abbildung

100 g Butter oder Margarine	mit
75 g Zucker	
abgeriebener Schale einer unbehandelten Zitrone	
Salz	
1 Messerspitze gemahlenem Zimt	mit einem Handrührgerät mit Rührbesen geschmeidig rühren,
2 Eier	
200 g Magerquark	hinzufügen, unterrühren,
375 g Weizenmehl	mit
1 gehäuften Teel. Backpulver	mischen, sieben, nach und nach mit
1–2 Eßl. Milch	unterrühren,
125 g getrocknete, weiche Aprikosen	in Würfel schneiden, zuletzt unterheben,
Kokosfett	in einer Friteuse auf etwa 180 Grad erhitzen, von dem Teig mit 2 Teelöffeln Krapfen abstechen, schwimmend in dem siedenden Ausbackfett goldbraun backen, auf Küchenpapier abtropfen lassen, mit
gesiebtem Puderzucker	bestäuben.

UNSER TIP

Hefe-, Quark-Öl-Teig- und Honigkuchenteige lassen sich mit einer langen Schere besonders gut in Form bringen. Es entstehen glatte Schnittkanten, die auch nach dem Backen noch perfekt aussehen. Für frei geformtes Gebäck eignet sich diese Methode besonders gut. Den Teig ein bis zwei Zentimeter dick ausrollen, eine Papierschablone auflegen oder den Teig freihändig ausschneiden.

UNSER TIP

Aprikosenkrapfen lassen sich zu den verschiedensten Anlässen anstelle von Berlinern reichen. Hübsch verpackt können sie als Geschenk zur Silvesterparty mitgenommen werden.

Schokoladen-Mandelbrot

500 g Weizenmehl mit
2 gestrichenen Teel. Backpulver mischen, auf die Tischplatte sieben, in die Mitte des Mehls eine Vertiefung eindrücken,

150 g gesiebten Puderzucker
1 Päckchen Vanillin-Zucker
Salz, 1 großes Ei (von dem Ei 2 Teel. Eiweiß beiseite stellen) hineingeben,

350 g kalte Butter in Stücke schneiden, daraufgeben, mit Mehl bedecken, von der Mitte aus alle Zutaten schnell zu einem glatten Teig verkneten, gut 1/3 des Teiges abnehmen, beiseite stellen, unter den Rest des Teiges

40 g Kakao
1 Eßl. gesiebten Puderzucker
1 Eßl. Milch oder Rum
100 g abgezogene, gestiftete Mandeln kneten, daraus 4 rechteckige Stangen von etwa 32 cm Länge, etwa 3,5 cm Breite und etwa 1,5 cm Höhe formen,
den hellen Teig zu einem Rechteck von etwa 44 x 32 cm ausrollen, in 4 Streifen schneiden, mit dem zurückgelassenen Eiweiß bestreichen, auf jeden Teigstreifen 1 Mandelteigstange legen, in den Teig wickeln, mit Alufolie abgedeckt über Nacht in den Kühlschrank stellen, die Teigstangen in knapp 1/2 cm dicke Scheiben schneiden, auf ein gefettetes, mit Backtrennpapier belegtes Backblech legen, backen.

Strom: Etwa 200, Gas: 3–4
Backzeit: 12–15 Minuten

Farbenfrohe Gemüsetartes, Pizzen, Quiches und feine kleine Salzgebäcke verwöhnen die Genießer von pikanten Gebäcken.
Geeignet als Hauptgericht, als kleine Zwischenmahlzeit, deftiges Abendbrot oder Beilage und als Abrundung eines geselligen Weinabends.
Ein bunter Reigen herzhafter Genüsse verlocken zum Nachvollziehen.

Gemüse-Quiche

Für den Teig

200 g Weizenvollkornmehl auf die Tischplatte sieben, in die Mitte des Mehls eine Vertiefung eindrücken,

1 gestrichenen Teel. Salz
1 Ei hineingeben, mit einem Teil des Mehls zu einem dicken Brei verarbeiten,

100 g kalte Butter oder Margarine in Stücke schneiden, auf den Brei geben, mit Mehl bedecken, von der Mitte aus alle Zutaten schnell zu einem glatten Teig verkneten, 1–2 Stunden kalt stellen

Für den Belag

1 Zucchini (200 g) putzen, waschen, in Scheiben schneiden,

1 Stange Porree (Lauch, 200 g) putzen, in etwa 1 cm breite Streifen schneiden, waschen,

200 g kleine Champignons putzen, waschen, das Gemüse nacheinander in kochendes Salzwasser geben, einmal aufkochen, Champignons 2–3 Minuten kochen lassen,

300 g tiefgekühlten Broccoli 3–5 Minuten in dem Salzwasser kochen lassen, das Gemüse auf ein Sieb geben, mit kaltem Wasser übergießen, abtropfen lassen,

4 kleine Tomaten kurze Zeit in kochendes Wasser legen, in kaltem Wasser abschrecken, enthäuten, die Stengelansätze herausschneiden, das Gemüse erkalten lassen, den Teig ausrollen, eine Pie-Form (Durchmesser etwa 26 cm) damit auslegen, den Teigboden mehrmals mit einer Gabel einstechen, die Form auf dem Rost in den vorgeheizten Backofen schieben.

Strom: 200–225, Gas: 4–5
Backzeit: 10–15 Minuten

Das Gemüse auf dem vorgebackenen Boden verteilen,

200 g Goudakäse oder Schweizer Käse in Würfel schneiden, über das Gemüse geben,

1 Becher (150 g) Crème fraîche mit
2 Eiern
1 Teel. scharfem Senf
1 Eßl. gehackten Kräutern verrühren, mit
Salz,
geriebener Muskatnuß abschmecken, über den Belag gießen, die Form auf dem Rost in den vorgeheizten Backofen schieben.

Strom: 200–225, Gas: 3–4
Backzeit: Etwa 45 Minuten
Beilage: Blattsalat

UNSER TIP

Quiche ist die Bezeichnung für eine pikante Torte aus Mürbe- oder Blätterteig. Als Belag dienen verschiedene Gemüse- oder Käsesorten, die mit einer Eiermilch oder Eiersahne übergossen werden.

UNSER TIP

Kleine, dekorative Kirschtomaten auch Cherry- oder Cocktailtomaten genannt, sind in der pikanten Küche besonders gut zum Dekorieren geeignet. Sie werden in den Farben rot, gelb und orange angeboten.

Tomatentorte Isabelle

	Für den Teig
175 g Weizenmehl	mit
1/2 gestrichenen Teel. Backpulver	mischen, auf die Tischplatte sieben, in die Mitte des Mehls eine Vertiefung drücken,
Salz	und
1 Eßl. Wasser	hineingeben,
100 g kalte Butter	in Stücke schneiden, darauf geben, mit Mehl bedecken, von der Mitte aus alle Zutaten schnell zu einem glatten Teig verkneten, falls er kleben sollte, ihn eine Zeitlang kalt stellen, den Teig auf dem Boden einer mit
Butter oder Margarine	gefetteten Springform (Durchmesser etwa 24 cm) ausrollen, am Rand etwa 2 cm hochdrücken, den Boden mehrmals mit einer Gabel einstechen, die Form auf dem Rost in den vorgeheizten Backofen schieben.
Strom:	200–220
Gas:	4–5
Backzeit:	12–15 Minuten
	Für den Belag
500 g kleine Tomaten	kurze Zeit in kochendes Wasser legen, in kaltem Wasser abschrecken, enthäuten, halbieren, mit der Schnittfläche nach oben auf einen Teller legen, mit
Salz frisch gemahlenem schwarzen Pfeffer Speisewürze	bestreuen, einige Zeit stehenlassen,
200 g Schweizer Käse	raspeln oder in kleine Würfel schneiden, mit
2 Eiern 1 Becher (150 g) Crème fraîche	verrühren, mit
geriebener Muskatnuß 1/2 Teel. gerebeltem Oregano	abschmecken, den vorgebackenen Tortenboden mit
Semmelmehl	bestreuen, die Tomatenhälften mit der Schnittfläche nach unten auf den Tortenboden legen, die Käsemasse gleichmäßig darauf verteilen, die Form auf dem Rost in den vorgeheizten Backofen schieben.
Strom:	200–225
Gas:	4–5
Backzeit:	30–35 Minuten
Beigabe:	Blattsalat

UNSER TIP

Sonnenblumenöl ist hellgelb und klar. Es hat einen angenehmen Geruch und milden Geschmack; gewonnen wird es durch Pressen oder Extrahieren von Sonnenblumenkernen. Sonnenblumenöl ist ein beliebtes Speiseöl und ein wertvoller Rohstoff für die Herstellung von Margarine.

Spinatpizza

	Für den Teig
150 g Magerquark	
50 g kaltgepreßtes Sonnenblumenöl	
2–3 Eßl. Milch (3,5% Fett)	
1/2 Teel. Zucker	
1 Teel. Meersalz	
1 Ei	verrühren,
300 g Weizenmehl (Type 1050)	mit
1 Päckchen Weinsteinbackpulver	mischen, die Hälfte davon unter die Quarkmasse rühren, den Rest des Mehls unterkneten, den Teig etwa 1 Stunde kalt stellen,
	für den Belag
5 Eßl. Tomatenmark	mit
Hefewürze	
frisch gemahlenem Pfeffer	
gerebeltem Majoran	
gerebeltem Thymian	
gerebeltem Basilikum	verrühren,
1–3 Knoblauchzehen	abziehen,
1 1/2 kg Spinat	verlesen, gründlich waschen, gut abtropfen lassen, von den großen Stielen befreien, in
etwas kochendes Salzwasser	geben, zum Kochen bringen, 1–2 Minuten darin kochen, auf ein Sieb geben, mit kaltem Wasser übergießen, gut abtropfen lassen, mit
Salz	
geriebener Muskatnuß	würzen, den Teig auf einem gefetteten Backblech ausrollen, mit dem Tomatenmark bestreichen, die kleingehackten Knoblauchzehen darauf verteilen, den Spinat darübergeben,
5 Tomaten	waschen, abtrocknen, die Stengelansätze herausschneiden, die Tomaten in Scheiben schneiden, auf dem Spinat auslegen, nochmals mit den Gewürzen und
Knoblauchpulver	bestreuen,
150 g geriebenen Goudakäse	darüberstreuen, das Backblech in den vorgeheizten Backofen schieben, die Pizza backen
Strom:	200–225
Gas:	4–5
Backzeit:	30–40 Minuten

Abruzzenpizza

250 g Weizenvollkornmehl	mit
250 g feingemahlener Hirse	mischen, in eine Rührschüssel geben, mit
1 Päckchen Trocken-Backhefe	sorgfältig mischen,
Meersalz	
250 ml (1/4) lauwarme Milch	
100 g weiche Butter	hinzufügen, mit einem Handrührgerät mit Knethaken zunächst auf niedrigster, dann auf höchster Stufe zu einem Teig verarbeiten, den Teig so lange an einem warmen Ort stehenlassen, bis er sich sichtbar vergrößert hat,
	für den Belag
400 g Fleischtomaten	kreuzweise einschneiden, kurz in heißes Wasser legen, häuten, im Mixbecher der Küchenmaschine pürieren, mit
2 abgezogenen Knoblauchzehen	
Meersalz	
schwarzem Pfeffer	
2 Teel. getrocknetem Oregano	
1 Teel. getrocknetem Basilikum	zu den Tomaten geben, die Masse kurz aufkochen, erkalten lassen, den Hefeteig nochmals gut durchkneten, auf einem gefetteten Backblech ausrollen, mit der erkalteten Tomatenmasse bestreichen,
1 rote und 2 grüne Paprikaschoten	putzen, entkernen, waschen, in feine Streifen schneiden,
4 Peperoni	putzen, waschen, in kleine Ringe schneiden,
4 Zwiebeln	abziehen, in Ringe schneiden,
100 g frische Champignons	putzen, waschen, in Scheiben schneiden,
30 g gefüllte Oliven	halbieren, die Zutaten auf der Tomatenmasse gleichmäßig verteilen, mit
200 g geriebenen Bergkäse oder Gouda	
1 Teel. grobgemahlenem Pfeffer	bestreuen, das Blech an einen warmen Ort stellen, damit der Teig nochmals gehen kann, dann in den vorgeheizten Backofen schieben.
Strom:	175–200
Gas:	3–4
Backzeit:	40–50 Minuten
Beilage:	Eisbergsalat

UNSER TIP

Hirse wird in der Vollwertbäckerei für knuspriges Gebäck verwendet. Sie enthält viel Mineralstoffe, vor allem Phosphor, Magnesium, Eisen und Vitamine des B-Komplexes.

Herbstbrot

500 g mehlig kochende Kartoffeln	waschen, in einem Siebeinsatz in einem Topf über kochendes Wasser hängen, Kartoffeln in 1 Stunde weich dämpfen, heiß pellen, durch die Kartoffelpresse drücken, mit
500 g Vollkornweizenmehl	verrühren,
40 g frische Hefe	in
2–3 Eßl. lauwarmem Wasser	auflösen, mit
200 ml lauwarmer Milch	
200 ml lauwarmem Wasser	
3 Eßl. weicher Butter	
1 Teel. Salz	verrühren, mit dem Kartoffel-Mehl-Gemisch zu einem elastischen Teig verkneten,
1 Apfel (z. B. Boskop)	schälen, fein raspeln,
150 g Sonnenblumenkerne	in einer Pfanne ohne Fett etwa 5 Minuten rösten, mit den Apfelraspeln unter den Teig kneten, zugedeckt an einem warmen Ort etwa 1 1/2 Stunden gehen lassen, in zwei gefettete Kastenformen füllen, mit
2–3 Eßl. Sonnenblumenkernen	bestreuen, etwa 40 Minuten gehen lassen, backen.
Strom:	Etwa 220, Gas: 3–4
Backzeit:	50–60 Minuten Brote aus der Form stürzen, mit der Seite auf ein Kuchengitter legen, ausdampfen lassen.

Speckbrot

150 g durchwachsenen Speck	in Würfel schneiden, auslassen, kühlstellen, Teig aus
1 Packung Backmischung Weizenmischbrot (500 g)	
1 Päckchen Trocken-Backhefe	
300 ml + 2 Eßl. lauwarmem Wasser	nach Vorschrift auf der Packung zubereiten, gehen lassen, den Teig mit
Weizenmehl	bestäuben, aus der Schüssel nehmen, gut durchkneten, dabei den abgekühlten Speck,
100 g Röstzwiebeln (Fertigprodukt)	unterkneten, den Teig zu einem länglichen Brot formen, auf ein gefettetes Backblech legen, die obere Seite des Teiges mehrere Male 1 cm tief einschneiden (nicht drücken), den Teig nochmals so lange an einem warmen Ort gehen lassen, bis er sich sichtbar vergrößert hat, den Teig mit
Wasser	bestreichen, in den vorgeheizten Backofen schieben.
Strom:	Etwa 200
Gas:	3–4
Backzeit:	40–50 Minuten

Kerniger Krautstrudel

Für den Teig
250 g Weizenmehl in eine Schüssel sieben, in die Mitte eine Vertiefung drücken,
1 Eßl. Sonnenblumenöl
Salz
1 Ei und die Hälfte von
125 ml (1/8 l) lauwarmem Wasser in die Vertiefung geben, mit dem Handrührgerät zunächst auf niedrigster Stufe vermengen, das restliche Wasser hinzufügen, auf höchster Stufe zu einem glatten, geschmeidigen Teig verarbeiten, eine Kugel formen, in Klarsichtfolie hüllen, etwa 1 Stunde ruhen lassen,
für die Füllung
50 g Sonnenblumenkerne in einer Pfanne ohne Fett rösten,
1 kleine Zwiebel abziehen, fein würfeln,
1 kleinen Kopf Weißkohl waschen, putzen, in 1/2 cm breite Streifen schneiden,
1 mittelgroßen Apfel schälen, vierteln, das Kerngehäuse entfernen, in Würfel schneiden, die Zwiebel, die Weißkohlstreifen, die Apfelwürfel und
2 Teel. frische Thymianblättchen in
20 g erhitzter Butter etwa 7 Minuten dünsten, mit den gerösteten Sonnenblumenkernen in eine Schüssel geben,
100 ml saure Sahne mit
1 1/2 Teel. mittelscharfem Senf
1 Teel. Kräutersalz
weißem Pfeffer verrühren, den Strudelteig auf einer bemehlten Fläche rechteckig ausrollen, über beiden Handrücken ausziehen, auf ein bemehltes Tuch legen, mit
2 Eßl. Sonnenblumenöl bestreichen, mit
2 Eßl. Semmelmehl bestreuen,
die Senfsahne unter das Weißkraut mischen, 3/4 des Teiges mit der Füllung belegen, die überstehenden Schmalseiten nach innen klappen, den Teig von der Längsseite durch Anheben des Tuches aufrollen, das Teigende mit Wasser bestreichen, andrücken, auf ein mit Backtrennpapier belegtes Backblech legen, mit
1 Eßl. Milch bestreichen, den Strudel bei 200 (Gas: 3–4), etwa 40 Minuten auf mittlerer Einschubhöhe backen.

Möhrenkuchen

	Für den Teig
275 g Weizenmehl	in eine Schüssel sieben,
125 g Butterschmalz	in kleinen Stückchen und
1 Prise Salz	dazugeben,
	nach und nach
60 ml Wasser	hinzugießen, gut durchkneten, den Teig mindestens 30 Minuten im Kühlschrank ruhen lassen,
	für den Belag
500 g junge Möhren	putzen, waschen, in Scheiben schneiden, in
30 g Butterschmalz	anbraten, nach etwa 5 Minuten mit
250 ml (1/4 l) Instant-Gemüsebrühe	ablöschen, bei mittlerer Hitze in etwa 7 Minuten bißfest garen,
350 g (2 Stangen) Porree (Lauch)	unter fließendem kaltem Wasser abspülen, trockentupfen, in schmale Ringe schneiden,
100 g mageren gekochten Schinken	in feine Würfel schneiden, 3/4 des Teiges auf einer bemehlten Arbeitsfläche zu einem Kreis ausrollen, eine Springform (Ø 26 cm) damit auslegen, dabei einen Rand von etwa 2 cm stehen lassen, die Möhren abtropfen lassen, zusammen mit dem Porree und dem Schinken auf dem Teig verteilen,
100 g geriebenen Emmentaler-Käse	mit
100 ml Schlagsahne	
Zucker	
Salz, Pfeffer	
Knoblauchpulver	verrühren, über das Gemüse geben, das restliche Drittel des Teiges ausrollen, in 2 cm breite Streifen schneiden, den Kuchen damit gitterförmig belegen, die Form auf dem Rost in den vorgeheizten Backofen schieben, backen, dabei in den ersten 10 Minuten mit Alufolie abdecken.
Strom:	Etwa 200
Gas:	3–4
Backzeit:	Etwa 40 Minuten

Zitronen-Apfel-Brot

500 g Weizenmehl (Type 405) **1 Päckchen Trocken-Backhefe**	in eine Rührschüssel sieben, mit sorgfältig vermischen,
3 Teel. Zucker, 1 1/2 Teel. Salz **abgeriebene Zitronenschale** **1 Becher (150 g) Crème fraîche** **50 g zerlassene, abgekühlte Margarine** **125 ml (1/8 l) lauwarme Milch**	hinzufügen, die Zutaten mit einem Handrührgerät mit Knethaken zunächst auf niedrigster, dann auf höchster Stufe in etwa 5 Minuten zu einem glatten Teig verarbeiten, an einem warmen Ort so lange gehen lassen, bis er sich sichtbar vergrößert hat,
1 mittelgroßen Apfel	schälen, vierteln, entkernen, grob raspeln,
2 Eßl. feingeschnittene Zitronenmelisse	auf mittlerer Stufe unter den gegangenen Teig kneten, aus der Schüssel nehmen, gut durchkneten, aus dem Teig 4 gleichgroße Kugeln formen, in eine Springform (Ø 26 cm, Boden gefettet) legen, den Teig mit Wasser bestreichen, mit
Sesamsamen	bestreuen, nochmals so lange an einem warmen Ort gehen lassen, bis er sich sichtbar vergrößert hat, backen.
Strom:	Etwa 200, Gas: 3–4
Backzeit:	40–50 Minuten

Tortillas

	Für den Teig
200 g Maismehl **200 g Weizenmehl**	in eine Schüssel sieben,
2 Eier **500 ml (1/2 l) Milch** **Salz**	hinzufügen, die Zutaten zu einem glatten Teig verrühren,
Speiseöl	in einer beschichteten Pfanne erhitzen, den Teig in kleinen Portionen hineingeben und dünne Fladen daraus backen,
	für die Füllung
2 Avocados	schälen, halbieren, entsteinen, das Fruchtfleisch in Würfel schneiden,
400 g ausgepulte Shrimps	mit dem
Saft von 1/2 Zitrone **2 Eßl. gehackter Petersilie** **Pfeffer**	und Salz verrühren, die Füllung auf die Fladen verteilen, die Fladenränder mit
verschlagenem Eiweiß	bestreichen, glattschneiden, die Fladen zusammenklappen, die Ränder andrücken, die Tortillas nochmals kurz in heißem Speiseöl von beiden Seiten braten.
Beilage:	Gemischter Salat

UNSER TIP

Cayennepfeffer wird aus getrockneten Chilis oder Peperonis gemahlen. Er ist sehr scharf und sollte nur in kleinen Prisen verwendet werden. Für Reis, Gulasch und Soßen.

Wirsingtorte mit Schinkenstreifen

Für den Teig
250 g Weizenmehl in eine Schüssel sieben,
100 g Butterschmalz in Stückchen dazugeben,
1 Ei
1 Eßl. Wasser
Salz hinzufügen, die Zutaten zu einem geschmeidigen Teig verkneten, zu einer Kugel formen, in Alufolie verpackt etwa 1 Stunde im Kühlschrank liegen lassen,

für den Belag
1 Kopf Wirsing (etwa 600 g) putzen, vierteln, waschen, den Strunk entfernen, den Wirsing in dünne Streifen schneiden,
1 mittelgroße Zwiebel abziehen, fein würfeln,
2 Eßl. Butterschmalz zerlassen, die Zwiebelwürfel darin andünsten, den Wirsing hinzufügen, etwa 12 Minuten unter mehrmaligem Rühren dünsten lassen, mit Salz,
frisch gemahlenem schwarzen Pfeffer
1 Teel. gerebeltem Thymian
1 Messerspitze Cayennepfeffer
geriebener Muskatnuß würzen,

250 g gekochten Schinken vom Fettrand befreien, den Schinken in dünne Streifen schneiden, mit
2 Eiern
1 Eigelb
1 Becher (150 g) Crème fraîche
40 g geriebenem Emmentaler Käse zu dem Wirsing geben, gut vermengen, den Teig messerrückendick ausrollen, in eine gefettete Springform (Durchmesser 26 cm) legen, am Rand etwa 4 cm hochdrücken, den Teigboden mehrmals mit einer Gabel einstechen, die Wirsingmischung darauf verteilen, glattstreichen, die Form auf dem Rost in den vorgeheizten Backofen schieben.

Strom: Etwa 200
Gas: 3–4
Backzeit: Etwa 50 Minuten
Die Torte warm servieren.
Beigabe: Tomatensalat
Getränk: Weißwein

Kohl-Quiche

Von

1 kleinen Kopf Weißkohl (etwa 500 g) die äußeren Blätter entfernen, den Kohl vierteln, den Strunk herausschneiden, den Kohl waschen, fein hobeln, in
kochendes Salzwasser geben, zum Kochen bringen, etwa 5 Minuten kochen, abtropfen lassen,
500 g Spinat verlesen, waschen, tropfnaß in einen Topf geben, erhitzen, bis die Blätter zusammenfallen, abtropfen lassen,
2–3 Knoblauchzehen abziehen, durchpressen,
1 Bund glatte Petersilie
6 Salbeiblätter abspülen, trockentupfen, feinhacken,
150 g Emmentaler Käse reiben,
100 g Schafskäse fein zerbröseln,
4 Eier, 1 Teel. Salz
frisch gemahlenem Pfeffer verschlagen,
alle Zutaten miteinander vermengen, die Masse anschließend in eine flache, gefettete Quiche-Form füllen, mit gefettetem Pergamentpapier abdecken.

Strom: Etwa 200, Gas: Etwa 3
Backzeit: Etwa 30 Minuten
Etwa 10 Minuten vor Ende der Backzeit kann das Pergamentpapier entfernt werden.

Kümmelkaros

ohne Abbildung

1 Packung (300 g) tiefgekühlten Blätterteig nach der Vorschrift auf der Packung auftauen lassen,
1 Ei verschlagen, die Teigplatten mit etwas davon bestreichen, dabei darf das Ei nicht am Rand herunterlaufen, eine Platte mit
Salz, Pfeffer, Paprika edelsüß
etwas Kümmel und mit 1/3 von
100 g geriebenem Goudakäse bestreuen, die zweite Platte mit der bestrichenen Seite darauflegen, mit verschlagenem Ei bestreichen, mit Salz, Pfeffer, Paprika, Kümmel, der Hälfte des restlichen Käses bestreuen, die dritte Platte mit der bestrichenen Seite darauflegen, den Teig vorsichtig zu einem Quadrat (32 x 32 cm) ausrollen, kleine Quadrate (4 x 4 cm) ausrädern, mit verschlagenem Ei bestreichen, mit dem restlichen Kümmel und Käse bestreuen, die Teigplätzchen auf ein kalt abgespültes Backblech legen, backen.

Strom: 200–225, Gas: 4–5
Backzeit: Etwa 20 Minuten

UNSER TIP

Knoblauch sollte nie in zu heißem Speiseöl gebraten werden, da er sonst verbrennt und einen bitteren, beißenden Geschmack bekommt. Knoblauch enthält schwefelartige Aromastoffe, die nach dem Verzehr durch die Haut und durch die Schleimhäute ausgeschieden werden.

UNSER TIP

Die Pizza ist wohl die bekannteste italienische Spezialität. Ihre Grundlage bleibt ein dünner Hefeteig, der mit den unterschiedlichsten Zutaten, z. B. Gemüse, Fleisch oder Fisch belegt wird. Geschmacklich abgerundet wird die Pizza durch Öl, Oregano und Käse.

Geflügel-Pizza

	Für den Belag
2 Stangen Staudensellerie (etwa 200 g)	
1 Stange Porree (etwa 200 g)	putzen, waschen, in Scheiben schneiden,
1 rote Paprikaschote (etwa 200 g)	halbieren, entstielen, entkernen, die Schote waschen, in dünne Streifen schneiden,
1 Zwiebel	
1 Knoblauchzehe	abziehen,würfeln,
3 Eßl. Speiseöl	erhitzen, das Gemüse, die Zwiebel- und Knoblauchwürfel etwa 5 Minuten darin dünsten, mit
Salz, frisch gemahlenem weißen Pfeffer	
Kräutern der Provence	würzen, abkühlen lassen,
375 g Hähnchenbrustfilet	waschen, abtrocknen, in dünne Streifen schneiden, mit Salz, Pfeffer bestreuen,
2 Eßl. Speiseöl	erhitzen, die Fleischstreifen unter Wenden darin etwa 3 Minuten braten,
2 Eßl. Sojasoße	darüber geben, gut verrühren, abkühlen lassen,
1 Packung Grundteigmischung für Pizzateig	nach der Vorschrift auf der Packung zubereiten, den Teig anschließend zu einem Quadrat von 30 x 30 cm ausrollen, auf ein mit
Butter oder Margarine	gefettetes Backblech legen, mit der
Gewürzmischung aus der Packung	bestreichen, das Gemüse darauf geben,
2 Tomaten	waschen, in Scheiben schneiden, die Tomatenscheiben auf dem Gemüse verteilen, die Fleischstreifen darüber geben,
100–150 g Goudakäse	raspeln, über den Belag streuen, mit
Kräutern der Provence	bestreuen, mit
Olivenöl	beträufeln, das Backblech in den vorgeheizten Backofen schieben.
Strom:	200–225
Gas:	4–5
Backzeit:	Etwa 25 Minuten

UNSER TIP

Anstelle des Hähnchenbrustfilets kann für die Geflügelpizza auch Putenbrust verwendet werden.

Strudelröllchen Gärtnerin Art

Für den Teig

250 g Weizenmehl auf die Tischplatte sieben, in die Mitte eine Vertiefung eindrücken,

Salz, 1 kleines Ei
100 ml lauwarmes Wasser
1 Eßl. Speiseöl hineingeben, mit einem Teil des Mehls zu einem dicken Brei verarbeiten, von der Mitte aus alle Zutaten schnell zu einem glatten Teig verkneten, den Teig auf Pergamentpapier in einen heißen, trockenen Kochtopf legen (vorher Wasser darin kochen), mit einem Deckel verschließen, etwa 30 Minuten ruhen lassen,

für die Füllung

200 g Möhren putzen, schrappen, waschen, grob raspeln,
200 g Porree und
100 g Staudensellerie putzen, waschen, in schmale Streifen schneiden,
250 g Champignons putzen, waschen, in Scheiben schneiden,
1 Zwiebel abziehen, würfeln,
3 Eßl. Speiseöl erhitzen, die Zwiebelwürfel darin andünsten, das Gemüse hinzufügen, mit
Salz, Pfeffer
getrockneten
italienischen Kräutern würzen, 3–5 Minuten dünsten, abkühlen lassen,

375 g Thüringer Mett mit
2 Eiern verrühren, unter das Gemüse rühren, nochmals mit Salz, Pfeffer abschmecken, den Strudelteig in 8 Portionen teilen, jeweils den Teig, der noch nicht ausgerollt wird, im Topf lassen, jedes Teigstück auf einem bemehlten Tuch dünn ausrollen, mit den Händen zu einem Rechteck von 18 x 25 cm ausziehen, mit etwas
Speiseöl (2–3 Eßl.) bestreichen, auf die Hälfte der längeren Seite 1/8 der Füllung geben, an den kürzeren Seiten etwa 1 cm Teig frei lassen, den Teig mit Hilfe des Tuches, mit der Füllung beginnend, aufrollen, an den Enden gut zusammendrücken, in eine mit
Butter oder Margarine gefettete Fettfangschale legen, die Strudel mit etwas von
50 g zerlassener Butter bestreichen, die Fettfangschale in den vorgeheizten Backofen schieben, die Strudel während des Backens mit der restlichen Butter bestreichen.

Strom: 200–225, Gas: 3–4
Backzeit: Etwa 35 Minuten

UNSER TIP

Der Strudel ist eine österreichische Spezialität. Vor dem Ausrollen und Ausziehen sollte der Teig immer einige Zeit an einem warmem Ort ruhen, damit er elastisch wird und bei der Verarbeitung nicht reißt.

Kartoffelpastete

1 Packung (300 g) tiefgekühlten Blätterteig	bei Zimmertemperatur auftauen lassen,
1 kg kleine, festkochende Kartoffeln	waschen, etwa 20–25 Minuten kochen, die garen Kartoffeln abgießen, abdämpfen, heiß pellen, erkalten lassen, in Scheiben schneiden,
250 g durchwachsenen Speck	in Würfel schneiden, 2/3 des Blätterteigs in der Größe eines Springformbodens (Durchmesser etwa 26 cm) ausrollen, eine Springform damit auslegen, den Teig am Springformrand etwa 4 cm hochdrücken, Kartoffelscheiben, Speckwürfel,
3 Eßl. feingeschnittenen Schnittlauch **1 Eßl. gehackte Majoranblättchen**	abwechselnd auf den Teigboden schichten, dabei die Kartoffelscheiben mit
Salz, frisch gemahlenem schwarzen Pfeffer	bestreuen,
1 Becher (150 g) Crème fraîche	mit
3 Eiern **1/2 Eiweiß** **1/2 Eigelb**	verschlagen, mit Salz, Pfeffer,
geriebener Muskatnuß **Paprika edelsüß**	kräftig würzen, über die Zutaten verteilen, den überstehenden Teigrand über die Füllung schlagen, mit
1/2 verschlagenen Eiweiß	bestreichen, den restlichen Teig in der Größe des Springformbodens ausrollen, als Decke auf die Füllung geben, aus den Teigresten Figuren ausstechen, die Unterseite der Figuren mit dem verschlagenen Eiweiß bestreichen, die Figuren auf die Teigdecke legen,
1/2 Eigelb	mit
1 Eßl. Milch	verschlagen, die Teigdecke damit bestreichen, mehrmals mit einer Gabel einstechen, die Form auf dem Rost in den vorgeheizten Backofen schieben.
Strom:	200–225
Gas:	3–4
Backzeit:	Etwa 1 Stunde
Beilage:	Gemischter Salat
Getränk:	Bier

UNSER TIP

Sollte die Teigoberfläche der Pastete zu stark bräunen, kann sie mit Alufolie abgedeckt werden. Das Bestreichen mit Eigelbmilch verleiht dem Gebäck eine schöne glänzende, gebräunte Oberfläche.

UNSER TIP

Die Quiche Lorraîne ist eine französische Spezialität. Dieser berühmte, pikante Kuchen besteht aus einem salzigen Mürbeteig mit Schinkenspeck und Emmentaler Käse. Sie kann warm und kalt serviert werden und schmeckt besonders gut zu frischem, jungem Weißwein.

Quiche Lorraîne

250 g Weizenmehl in eine Schüssel sieben,
1 Eigelb, Salz
4 Eßl. Wasser hinzufügen,
125 g Butter in kleine Stücke schneiden, zu dem Mehl geben, die Zutaten mit einem Handrührgerät mit Knethaken zunächst auf niedrigster, dann auf höchster Stufe gut durcharbeiten, anschließend auf der Tischplatte zu einem glatten Teig verkneten, den Teig auf dem Boden einer gefetteten Springform (Durchmesser etwa 24 cm) ausrollen und am Rand etwa 2 cm hochdrücken, den Boden mehrmals mit einer Gabel einstechen, die Form auf dem Rost in den vorgeheizten Backofen schieben.
Strom: 200–225, Gas: 4–5
Backzeit: Etwa 15 Minuten
80 g Schweizer Käse in feine Streifen schneiden,
125 g durchwachsenen Speck in feine Würfel schneiden, in einer Pfanne leicht anbraten, mit den Käsestreifen,
125 ml (1/8 l) Schlagsahne
4 Eiern vermengen, mit
Salz, Pfeffer, Muskatnuß würzen, die Masse auf dem vorgebackenen Teigboden verteilen, die Form wieder in den vorgeheizten Backofen schieben und etwa 25 Minuten backen.

Blätterteighörnchen

ohne Abbildung

1 Packung (300 g) tiefgekühlten Blätterteig bei Zimmertemperatur auftauen lassen, für die Füllung
200 g Oliven, mit Paprika gefüllt grob zerkleinern, mit
100 g geriebenem Käse vermengen, mit
Pfeffer würzen,
die Blätterteigscheiben aufeinanderlegen und zu einer Teigplatte ausrollen, Dreiecke von etwa 15 cm Seitenlänge ausschneiden, die Füllung darauf geben, von der breiten Seite zur Spitze hin aufrollen, die Enden zusammendrücken, in Hörnchenform biegen, mit
etwas Schlagsahne bestreichen, etwa 15 Minuten kalt stellen, die Hörnchen auf ein mit kaltem Wasser abgespültes Backblech legen, im vorgeheizten Backofen bei 225 (Gas: 4) 10–15 Minuten backen.

Pikanter Brötchenbaum

600 g Weizen mit
1 Teel. Kümmel
1 Teel. Fenchel
1 Teel. Koriander fein mahlen,
125 g Roggen
125 g Hafer mittelfein schroten, mit dem Weizenmehl,
50 g Sojamehl
100 g Roggenmehl
2 Teel. Meersalz vermengen,
3 Eßl. Speiseöl hinzufügen,
1 Würfel (42 g) Frischhefe in
250 ml (1/4 l)
lauwarmem Wasser auflösen, mit
knapp 500 ml (1/2 l)
lauwarmem Wasser zu den übrigen Zutaten geben, alle Zutaten in der Küchenmaschine zuerst auf der niedrigsten, dann auf der höchsten Stufe in etwa 5 Minuten zu einem glatten Teig verarbeiten, den Teig an einem warmen Ort so lange gehen lassen, bis er etwa doppelt so hoch ist,
2–3 Zwiebeln abziehen, würfeln,
25 g Butter zerlassen, die Zwiebelwürfel darin goldgelb dünsten, abkühlen lassen,
150 g durchwachsenen Speck in kleine Würfel schneiden, den gegangenen Teig auf der Tischplatte nochmals gut durchkneten, in 4 Teile teilen, unter einen Teil die Zwiebelwürfel, unter den zweiten Teil die Speckwürfel, unter den dritten Teil
1 gehäuften Teel. Kümmel kneten, die 3 Teigstücke jeweils in 10–12 Stücke schneiden, aus dem vierten Teigstück einen Baumstamm formen, ihn auf ein gefettetes Backblech legen, die Teigstücke zu runden Brötchen formen und sie abwechselnd als Baumkrone um den Baumstamm auf das Backblech legen, abgedeckt an einem warmen Ort gehen lassen, bis sie etwa doppelt so hoch sind, nach Belieben die Teigstücke ringsherum mit
Wasser bestreichen, den Baumstamm mit
Sesamsaat bestreuen, das Backblech in den vorgeheizten Backofen schieben.
Strom: Etwa 225
Gas: Etwa 4
Backzeit: 35–40 Minuten

Pilz-Pioshki

Für den Teig
250 g Weizenvollkornmehl
125 ml (1/8 l) saurer Sahne
1 Ei
1 Eßl. Butter oder Margarine
1/2 Teel. Salz zu einem festen Teig verkneten, in Frischhaltefolie wickeln, über Nacht im Kühlschrank ruhen lassen
für die Füllung
1 Zwiebel abziehen, in feine Würfel schneiden
100 g Sauerkraut kleinschneiden
500 g Champignons putzen, waschen, durch die grobe Scheibe des Fleischwolfs drehen
20 g Butter oder Margarine zerlassen, Zwiebel darin anbraten, Sauerkraut, Pilze dazugeben, mit
1/2 Teel. Salz
Pfeffer
Muskat
Paprika edelsüß würzen, unter Rühren etwa 10 Minuten dünsten, zuletzt die Flüssigkeit einkochen lassen, mit
2 Eßl. gehackter Petersilie
2 Eßl. saurer Sahne verrühren. Teig so dünn wie möglich ausrollen, Kreise von etwa 10 cm Durchmesser ausschneiden, die Füllung jeweils in die Mitte geben, Ränder anfeuchten, Kreise zu Halbmonden zusammenklappen, Ränder zusammendrücken. Halbmonde auf ein gefettetes Backblech legen, in den vorgeheizten Backofen schieben.
Strom: Etwa 220, Gas: 3–4
Backzeit: Etwa 15 Minuten
heiß mit
Gemüsebrühe
oder saurer Sahne servieren.

Käsebrot

500 g Weizenmehl (Type 550) in eine Rührschüssel geben, mit
1 Päckchen Trocken-Backhefe sorgfältig vermischen,
1 Teel. Zucker
1 Teel. Salz
frisch gemahlenen Pfeffer
Glutamat
3 Eßl. Speiseöl
250 ml (1/4 l)
lauwarmes Wasser hinzufügen,
die Zutaten mit einem Handrührgerät mit Knethaken zunächst auf niedrigster, dann auf höchster Stufe in etwa 5 Minuten zu einem glatten Teig verarbeiten,
den Teig an einem warmen Ort so lange gehen lassen, bis er sich sichtbar vergrößert hat, mit Mehl bestäuben, aus der Schüssel nehmen,
175 g Emmentaler Käse in nicht zu kleine Würfel schneiden, zu dem Teig geben, gut unterkneten, den Teig in eine gefettete Auflaufform (Durchmesser etwa 20 cm) geben,
75 g Emmentaler Käse in kleine Keile schneiden, in den Teig stecken, nochmals so lange an einem warmen Ort gehen lassen, bis er sich sichtbar vergrößert hat,
1 Eigelb mit
1 Eßl. Wasser verschlagen,
den Teig damit bestreichen, die Auflaufform auf dem Rost in den vorgeheizten Backofen schieben.
Strom: Etwa 200
Gas: 3–4
Backzeit: Etwa 50 Minuten
Das Käsebrot aus der Form nehmen, nach Belieben warm oder kalt servieren.

UNSER TIP

Der Brötchenbaum ist sehr dekorativ auf einem kalten Buffet. Er eignet sich gut als Geschenk zu einer Party. Empfehlenswert ist es, ihn kurz vor dem Verzehr noch einmal aufzubacken.

UNSER TIP

Hefeteige sollten in jedem Fall vor dem Backen nochmals an einem warmen Ort gehen, dadurch wird eine weitere Lockerung des Teiges hervorgerufen. Um ein schnelleres "Gehen" des Teiges zu erzielen, ihn mit einem Geschirrtuch abdecken.

Hefekranz

500 g Weizenmehl in eine Schüssel sieben, mit
1 Päckchen Trocken-Backhefe sorgfältig vermischen,
1 gehäuften Teel. Zucker
Salz, 2 Eier, 1 Eiweiß
250 ml (1/4 l)
lauwarme Schlagsahne hinzufügen, alles mit einem elektrischen Handrührgerät mit Knethaken zuerst auf der niedrigsten, dann auf der höchsten Stufe in etwa 5 Minuten zu einem Teig verarbeiten, sollte der Teig kleben, noch etwas Mehl hinzufügen,
den Teig so lange an einem warmen Ort stehenlassen, bis er etwa doppelt so hoch ist, ihn dann auf der höchsten Stufe nochmals durchkneten,
aus dem Teig 2 etwa 70 cm lange Rollen formen, diese umeinanderschlingen, als Kranz auf ein gefettetes Backblech legen,
1 Eigelb, 1 Eßl. Milch verschlagen, den Kranz damit bestreichen, mit
1 gehäuften Eßl. Sesam bestreuen, den Kranz nochmals so lange an einem warmen Ort stehenlassen, bis er sich sichtbar vergrößert hat, ihn in den vorgeheizten Backofen schieben.
Strom: 175–200, Gas: 3–4
Backzeit: 30–40 Minuten

Blätterteigtaschen

Die Platten aus
1 Packung
tiefgekühltem Blätterteig nebeneinander auf die Tischplatte legen und bei Zimmertemper auftauen lassen,
2 Hähnchenbrustfilets unter fließendem kaltem Wasser abspülen, trockentupfen, das Fleisch in Würfel schneiden, mit
Salz
frisch gemahlenem
weißen Pfeffer
Paprika edelsüß bestreuen,
60 ml Olivenöl in einer Pfanne erhitzen, die Fleischwürfel darin unter häufigem Wenden scharf anbraten,
1 Bund Frühlingszwiebeln putzen, waschen, in dünne Streifen schneiden,
1 Zwiebel abziehen, fein würfeln, beide Zutaten zu den Fleischwürfeln geben, gut durchdünsten lassen,
2 Eßl. Tomatenmark unterrühren,
2 Tomaten kurze Zeit in kochendes Wasser legen, aber nicht kochen lassen, in kaltem Wasser abschrecken, häuten, halbieren, entkernen, das Tomatenfleisch in Würfel schneiden, zu dem Fleisch geben, durchdünsten lassen, das Fleisch von der Kochstelle nehmen und

	erkalten lassen,
2 Eier	unterrühren,
2 Eßl. Petersilie	unterheben, die Masse mit Salz, Pfeffer abschmecken, eventuell mit
etwas Semmelmehl	binden, die Blätterteigplatten dünn ausrollen, zu Rechtecken oder Quadraten schneiden, die Füllung gleichmäßig darauf verteilen, die Teigränder mit
verschlagenem Eiweiß	bestreichen, die Teigplatten zusammenklappen und an den Rändern leicht andrücken,
1 Eigelb	mit
2 Eßl. Wasser	verschlagen, die Blätterteigtaschen damit bestreichen, die Teigtaschen mit einer Gabel mehrmals einstechen und auf ein mit kaltem Wasser abgespültes Backblech legen, das Backblech in den auf etwa 180 (Gas: 2–3) vorgeheizten Backofen schieben und die Blätterteigtaschen 20–25 Minuten backen, warm oder kalt servieren.
Beilage:	Gemischter Salat, Stangenweißbrot
Getränk:	Bier oder trockener Weißwein

Roggen-Weizen-Brötchen

250 g Roggenvollkornmehl **250 g Weizenvollkornmehl**	in eine Rührschüssel geben, mit
1 Päckchen Trocken-Backhefe **2 Teel. Salz, 1 Eßl. Speiseöl**	sorgfältig mischen,
etwa 375 ml (3/8 l) **lauwarmes Wasser**	hinzufügen, die Zutaten mit einem Handrührgerät mit Knethaken zunächst auf niedrigster, dann auf höchster Stufe zu einem glatten Teig verarbeiten, den Teig an einem warmen Ort so lange gehen lassen, bis er sich sichtbar vergrößert hat, aus der Schüssel nehmen, gut durchkneten, aus dem Teig etwa 12 runde Brötchen formen, auf ein mit Backtrennpapier belegtes Backblech legen, nochmals an einem warmen Ort gehen lassen, bis sie sich sichtbar vergrößert haben, die obere Seite der Brötchen kreuzweise etwa 1 cm tief einschneiden,
1 Eigelb	mit
1 Eßl. Wasser	verschlagen, die Brötchen damit bestreichen, nach Belieben mit
Mohn, Kümmel, Sesam	bestreuen, backen.
Strom:	175–200, Gas: 3–4
Backzeit:	20–30 Minuten

Tomatenkuchen

	Für den Teig
250 g Weizenmehl	mit
1 Messerspitze Backpulver	mischen, auf die Tischplatte sieben,
250 g kalte Butter	in Stücke schneiden, darauf geben, mit Mehl bedecken,
250 g Speisequark, Magerstufe	hinzufügen, von der Mitte aus alle Zutaten schnell zu einem glatten Teig verkneten, zu einem Rechteck ausrollen, zusammenklappen, in Alufolie wickeln, einige Zeit kaltstellen, nach einer Stunde den Teig wieder ausrollen, zusammenklappen, wieder kaltstellen, diesen Vorgang noch zweimal wiederholen, den Teig auf dem Boden einer gefetteten Springform (Ø 28 cm) ausrollen, am Rand etwa 2 cm hochdrücken,
	für den Belag
1 kg Fleischtomaten	waschen, abtrocknen, die Stengelansätze herausschneiden, die Tomaten in Scheiben schneiden,
200 g gekochten Schinken	in Würfel schneiden, auf dem Boden verteilen, die Tomatenscheiben schuppenartig darauf anordnen, mit
Salz, Pfeffer **Kräutern der Provence**	bestreuen,
1 Zwiebel	abziehen, fein reiben,
1 Knoblauchzehe	abziehen, zerdrücken,
1 Becher (150 g) Crème fraîche	mit den beiden Zutaten und
2 Eiern	verrühren, mit Salz, Pfeffer würzen, über die Tomatenscheiben verteilen, die Form auf dem Rost in den vorgeheizten Backofen schieben.
Strom:	Etwa 200
Gas:	Etwa 3
Backzeit:	Etwa 1 Stunde
Beilage:	Salat

UNSER TIP

Ein Teig der zu gleichen Teilen aus Mehl, Butter und Speisequark besteht, ist ein Quarkblätterteig. Er wird wie ein Blätterteig behandelt, d. h. mehrfach ausgerollt und zusammengeklappt, damit er eine blättrige Konsistenz erhält.

UNSER TIP

Kräuter der Provence sind eine Mischung aus gerebelten Basilikum, Majoran, Rosmarin, Thymian und Zitronenmelisse. Sie sind besonders geeignet zum Würzen von Lamm- und Wildgerichten, aber auch von Gemüsetöpfen, z. B. Ratatouille.

UNSER TIP

Die jungen Blätter des Sauerampfers finden als Salat und Gemüse Verwendung. Ihr säuerlicher Geschmack kann auch zur Verfeinerung von Suppen und Soßen genutzt werden.

Mini-Pizzen

20 g frische Hefe	in
2–3 Eßl. lauwarmem Wasser	auflösen, mit
300 g Weizenvollkornmehl	
etwa 200 ml	
(1/5 l) lauwarmem Wasser	
1 Eßl. Maiskeimöl	
1/2 Teel. Salz	zu einem Teig verkneten,
1 Bund Petersilie	
1 Bund Sauerampfer	abspülen, fein hacken,
2 Knoblauchzehen	abziehen, fein hacken, mit den Kräutern unter den Teig kneten, etwa 1 Stunde an einem warmen Ort gehen lassen, Teig in 12 Portionen teilen, mit bemehlten Händen 12 runde, dünne Pizzaböden formen,
	für den Belag
300 g Möhren	putzen, schälen, waschen, in etwa 5 mm dicke Scheiben schneiden,
1 Eßl. Maiskeimöl	erhitzen, Möhren darin andünsten, mit wenig Salz würzen, in etwa 10 Minuten halbgar dünsten,
etwa 300 g kleine, feste Tomaten	waschen, Stengelansätze entfernen, Tomaten in etwa 7 mm dicke Scheiben schneiden,
etwa 300 g kleine Zucchini	waschen, Enden abschneiden, Zucchini in etwa 5 mm dicke Scheiben schneiden,
300 g Mozzarellakäse	abtropfen lassen, würfeln, vier Pizzen mit Zucchini, vier mit Möhren, vier mit Tomaten dicht belegen, mit Mozzarellawürfeln, Salz,
frisch gemahlenem weißem Pfeffer	bestreuen, auf zwei gefettete Backbleche legen, nacheinander auf der mittleren Schiene in den vorgeheizten Backofen schieben.
Strom:	180–200
Gas:	Etwa 3
Backzeit:	25–30 Minuten
	Pizzen mit
4 Eßl. Maiskeimöl	beträufeln, mit
1 Eßl. gehacktem Basilikum	bestreuen, heiß servieren.

UNSER TIP

Die Tomaten für die Mini-Pizzen enthäuten und dann erst in Scheiben schneiden. Die Tomatenhaut wirkt auf der Pizza unansehnlich.

UNSER TIP

Der Zwiebelkuchen bekommt einen besonderen Pfiff, wenn der Zwiebelmasse etwa 3–4 Eßl. feingeschnittener Schnittlauch oder feingehackte, gemischte Kräuter zugefügt werden.

Zwiebelkuchen auf dem Blech

Für den Teig

400 g Weizenvollkornmehl in eine Schüssel sieben, mit
1 Päckchen Trocken-Backhefe sorgfältig vermischen,
1 Teel. Zucker
1 gestrichenen Teel. Salz
4 Eßl. Speiseöl
250 ml (1/4 l)
lauwarme Milch hinzufügen, alles mit einem elektrischen Handrührgerät mit Knethaken zuerst auf der niedrigsten, dann auf der höchsten Stufe in etwa 5 Minuten zu einem Teig verarbeiten, sollte dieser kleben, noch etwas Mehl hinzufügen, jedoch nicht zuviel, damit der Teig weich bleibt, den Teig an einem warmen Ort so lange stehen lassen, bis er etwa doppelt so hoch ist,

für den Belag

1 1/2 kg Gemüsezwiebeln abziehen, vierteln, in Scheiben schneiden,
2 Eßl. Butter oder Margarine zerlassen, die Zwiebelscheiben darin andünsten, mit
Salz
Pfeffer
gemahlenem Rosmarin würzen,
1 Teel. Kümmel
1 abgezogene, zerdrückte Knoblauchzehe unterrühren, die Masse 15–20 Minuten im offenen Topf dünsten, bis alle Flüssigkeit verdampft ist, ab und zu durchrühren, erkalten lassen,
350 g durchwachsenen Speck in Würfel schneiden,
200 g Gouda-Käse raspeln, Speck, Käse sowie
3 Eier
2 Eßl. Crème fraîche unter die Zwiebelmasse rühren, mit Salz, Pfeffer abschmecken, den gegangenen Teig nochmals gut durchkneten, ihn in der Größe einer Fettfangschale ausrollen, die Fettfangschale mit
Butter oder Margarine ausfetten, den Teig hineingeben, an den Seiten hochdrücken, die Zwiebelmasse darauf verteilen, den Teig nochmals so lange an einem warmen Ort stehen lassen, bis er etwa doppelt so hoch ist, erst dann in den vorgeheizten Backofen schieben.

Strom: 200–225
Gas: 3–4
Backzeit: Etwa 40 Minuten
Beilage: Tomaten-Zucchini-Salat

Teigtaschen mit Wild

2 Packungen (600 g) tiefgekühlten Blätterteig nach der Vorschrift auf der Packung auftauen, für die Füllung
125 g kalifornische Rosinen in
6 Eßl. Weinbrand
3 Eßl. Rotwein-Essig so lange einweichen, bis die Rosinen dick und prall sind,
500 g Wildgulasch unter fließendem kaltem Wasser abspülen, trockentupfen, eventuell Hautreste entfernen,
1 kleine Zwiebel abziehen, würfeln, mit dem Wildgulasch durch den Fleischwolf geben,
125 g Champignons putzen, waschen, sehr fein hacken, mit der Fleischmasse vermengen,
80 g Butterschmalz erhitzen, die Fleisch-Pilzmasse unter Rühren darin anbraten, kräftig mit
Salz, Pfeffer
Ingwerpulver
Senfpulver
gerebeltem Thymian
Saft und abgeriebener Schale von 1 unbehandelten Orange
1/2 Teel. Pastetengewürz (Fertigprodukt) würzen, die Rosinen mit der Flüssigkeit unterrühren, so lange unter Rühren braten, bis alle Flüssigkeit verdampft ist,
1 Bund Petersilie unter fließendem kaltem Wasser abspülen, trockentupfen, fein hacken, hinzufügen, die Fleischmasse abkühlen lassen,
1 Eigelb mit
1 Eßl. Schlagsahne verrühren, unter die Fleischmasse kneten, die Blätterteig-Platten (am besten in 2 Portionen) übereinander legen, dünn ausrollen, in 20–24 Quadrate schneiden, die Füllung darauf verteilen,
1–2 Eigelb mit
2–3 Eßl. Milch verschlagen, die Teigränder damit bestreichen, die Teigstücke zusammenklappen, die Ränder mit einer Gabel sorgfältig andrücken und die Teigtaschen mit dem restlichen verschlagenen Eigelb bestreichen, etwa 15 Minuten an einem kühlen Ort stehen lassen, die Teigtaschen auf ein mit kaltem Wasser abgespültes Backblech geben, in den vorgeheizten Backofen schieben.

Strom: Etwa 200, Gas: 3–4
Backzeit: Etwa 20 Minuten
Beilage: Kopfsalat mit Orangen

UNSER TIP

Blätterteig wird wie folgt hergestellt: In einen Grundteig aus Mehl und Wasser wird Butter (auch Ziehbutter) eingearbeitet und durch mehrfaches Ausrollen gleichmäßig und dünn zwischen den Teigscheiben verteilt. Der Teig muß zwischendurch immer wieder für kurze Zeit kühl gestellt werden. Gebacken wird er auf einem mit Wasser abgespültem Backblech. Während des Backens verdampt das Wasser, wodurch das Aufgehen des Blätterteigs gefördert wird.

Gefüllte Schafskäsetaschen

	Die Platten aus
1 Packung (300 g) tiefgekühltem Blätterteig	einzeln nebeneinanderlegen, auftauen lassen, auf einer mit
Weizenmehl	bestäubten Arbeitsplatte zu beliebig großen oder kleinen Quadraten ausschneiden,
	für die Füllung
2 EßI. Olivenöl	in einer Pfanne erhitzen,
1 Bund Frühlingszwiebeln	putzen, waschen,
1 rote Paprikaschote	halbieren, entstielen, entkernen, die weißen Scheidewände entfernen, die Schote waschen, beide Zutaten in feine Streifen schneiden,
2 EßI. Olivenöl	erhitzen, das Gemüse darin kurz andünsten,
1 Peperoni	waschen, eventuell entkernen, feinhacken, hinzufügen, kurz mitdünsten lassen, das Gemüse von der Kochstelle nehmen, erkalten lassen,
2 Tomaten	kurze Zeit in kochendes Wasser geben, aber nicht kochen lassen, in kaltem Wasser abschrecken, häuten, den Stengelansatz herausschneiden, die Tomaten halbieren, entkernen, in Würfel schneiden,
400 g Schafskäse	kleinschneiden,
2–3 EßI. gehackte Petersilie	
2 EßI. gehackten Oregano	die beiden Zutaten unter das erkaltete Gemüse mengen, unterrühren, die Füllung mit
Salz	
frisch gemahlenem schwarzen Pfeffer	
Kreuzkümmel	
Cayennepfeffer	
1 EßI. abgeriebener Schale von 1 unbehandelten Zitrone	kräftig würzen,
1–2 Eiweiß	verschlagen, die Ränder der Teigplatten damit bestreichen, die Füllung gleichmäßig auf die Blätterteigquadrate geben und diese zu Taschen zusammenschlagen, die Ränder gut festdrücken, die Teigtaschen in
siedendem Ausbackfett	goldgelb ausbacken, gut abtropfen lassen, kalt oder warm servieren.
Beilage:	Grüner Salat

Vollkorn-Zwiebelkuchen

ohne Abbildung

	Für den Teig
500 g Weizenvollkornmehl	in eine Rührschüssel geben, mit
1 Päckchen Trocken-Backhefe	sorgfältig mischen,
etwa 250 ml (1/4 l) lauwarmes Wasser	
Meersalz, 3 EßI. Speiseöl	
40 g zerlassene Butter	hinzufügen, die Zutaten mit einem Handrührgerät mit Knethaken zunächst auf niedrigster, dann auf höchster Stufe in etwa 5 Minuten zu einem Teig verarbeiten, den Teig so lange an einem warmen Ort stehen lassen, bis er sich sichtbar vergrößert hat, für die Füllung
400 g Zwiebeln	schälen, waschen, in Ringe schneiden,
3 EßI. Speiseöl	in einer Pfanne erhitzen, die Zwiebeln darin glasig dünsten,
300 g geriebenen Goudakäse	
1 Becher (150 g) Crème fraîche	miteinander verrühren,
2 EßI. Milch	
2 Eier, Salz, Pfeffer	verschlagen, den gegangenen Teig auf höchster Stufe nochmals gut durchkneten, den Teig auf einem gefetteten Backblech ausrollen, zuerst die Zwiebeln gleichmäßig darauf verteilen, dann die Eiermilch darüber gießen, vor den Teig einen mehrfach umgeknickten Streifen Alufolie legen, den Teig nochmals so lange an einem warmen Ort gehen lassen, bis er sich sichtbar vergrößert hat, das Blech in den vorgeheizten Backofen schieben.
Strom:	200–225, Gas: 4
Backzeit:	30–40 Minuten

Sauerkrautrolle

	Für die Füllung
1 EßI. Margarine oder Butter	zerlassen,
500 g Sauerkraut	locker zupfen, darin andünsten,
1 Zwiebel	abziehen, mit
1 Lorbeerblatt, 5 Nelken	spicken, hinzufügen, das Sauerkraut etwa 15 Minuten andünsten lassen, die Zwiebel herausnehmen, das Sauerkraut kühl stellen, für den Teig
1 Packung (370 g) Brotmischung	mit
1–2 EßI. Kümmel	
250 ml (1/4 l) lauwarmem Wasser	nach der Vorschrift auf der Packung zubereiten, gegen Ende der Knetzeit
1 EßI. leicht erwärmte Margarine	unterkneten, den Teig gehen lassen, mit
Weizenmehl	bestäuben, aus der Schüssel nehmen, kurz durchkneten, den Teig auf der mit Mehl bestäubten Tischplatte zu einem Rechteck (etwa 35 x 35 cm) ausrollen, die Hälfte des Sauerkrautes auf den Teig geben,
4 Brühwürstchen	der Länge nach (jeweils 2 nebeneinander) darauflegen, das restliche Sauerkraut darüber verteilen, zunächst eine der Teigseiten darüberklappen, mit Wasser bestreichen, dann die andere Teigseite daraufklappen, gut andrücken, die Teigenden der Rolle gut zusammendrücken, die Rolle auf ein gefettetes Backblech legen, nochmals an einem warmen Ort gehen lassen, die Rolle mit Wasser bestreichen, in den vorgeheizten Backofen schieben.
Strom:	200–225, Gas: 3–4
Backzeit:	Etwa 50 Minuten

UNSER TIP

An die gefüllten Schafskäsetaschen ein Bukett aus frischen Salatblättern dekorieren und mit einem feinen Balsamessig-Dressing marinieren.

UNSER TIP

Crème fraîche, auch Küchenrahm oder Küchensahne, ist ein Sauermilcherzeugnis aus pasteurisierter Milch oder Sahne mit mindestens 30 % Fettgehalt.

Edelpilz-Nußtörtchen

300 g	
tiefgekühlten Blätterteig	bei Zimmertemperatur auftauen lassen, anschließend etwa 3 mm dick ausrollen, kleine Tortenförmchen mit
Butter	ausfetten, den Teig etwa ein Drittel größer als den Durchmesser der Törtchenformen ausstechen und die Förmchen damit auslegen,
150 g Edelpilzkäse	durch ein Sieb streichen, mit
50 g gehackten Walnußkernen	
3 Eigelb	(1 Teel. zurückbehalten),
125 g Speisequark (40 % Fett)	verrühren, in die Teigförmchen füllen, aus den Teigresten dünne Streifen ausschneiden, als Gitter über die Füllung legen, das zurückbehaltene Eigelb mit
1 Eßl. Wasser	verschlagen, die Teigoberfläche damit bestreichen, die Törtchen auf ein Backblech setzen, in den vorgeheizten Backofen schieben und bei 225 (Gas: 4) etwa 30 Minuten backen.
Beilage:	Cumberlandsoße oder Preiselbeerkompott

Sauerkrautschiffchen

200 g Roggenvollkornmehl	mit
200 g Weizenmehl	in einer Schüssel mischen, in die Mitte eine Vertiefung eindrücken,
20 g Frischhefe	in
3–4 Eßl. lauwarmem Wasser	auflösen, mit
1 Teel. Honig	verrühren, in die Vertiefung gießen, mit etwas Mehl verrühren, zugedeckt an einem warmen Ort 15 Minuten gehen lassen, mit
250 ml lauwarmem Wasser	und
1/2 Packung Natur-Sauerteig	vermengen, gut durchkneten, nochmals etwa 30 Minuten gehen lassen,
2 Zwiebeln	abziehen, würfeln,
1 Eßl. Maiskeimöl	erhitzen, die Zwiebelwürfel anbraten, mit
300 g Sauerkraut	verrühren,
1 säuerlichen Apfel	schälen, vierteln, entkernen, das Fruchtfleisch in kleine Stückchen schneiden,
50 g Walnußkerne	grob hacken, mit Apfelstückchen, Sauerkraut vermischen, mit
Pfeffer	würzen, aus dem Teig längliche Schiffchen formen, die Ränder dabei etwas höher lassen, mit Sauerkrautmischung füllen, die Schiffchen auf ein gefettetes Backblech legen, 30 Minuten gehen lassen, backen.
Strom:	200–225, Gas: 3–4
Backzeit:	Etwa 25 Minuten
	Die heißen Sauerkrautschiffchen mit
2–3 Eßl. Nußöl	beträufeln

Würziges Pilzbrot

ohne Abbildung

50 g getrocknete Champignons	mit
500 ml kochendem Wasser	übergießen, etwa 2 Stunden einweichen, Einweichwasser anschließend abgießen, auffangen, mit Wasser wieder auf 500 ml (1/2 l) auffüllen, Pilze in Würfel schneiden,
20 g frische Hefe	in
2–3 Eßl. lauwarmem Wasser	auflösen, in etwa 15 Minuten an einem warmen Ort gehen lassen, mit den Pilzen
500 ml (1/2 l) Pilzwasser	
500 g Weizenvollkornmehl	
500 g Weizenvollkornschrot	und
1 Eßl. Salz	zu einem festen, elastischen Teig verkneten, Teigkugel mit Weizenvollkornmehl bestäuben, zugedeckt an einem warmen Ort etwa 1 Stunde gehen lassen, bis sich ihr Volumen verdoppelt hat, nochmals durchkneten, zwei lange schmale Brotlaibe formen, auf ein bemehltes Backblech legen, nochmals etwa 1 Stunde gehen lassen, danach mit
2 Eßl. Nußöl	bestreichen, backen.
Strom:	Etwa 220, Gas: 3–4
Backzeit:	Etwa 45 Minuten

Käse-Törtchen

	Für den Teig
125 g Weizenmehl	mit
1/4 Teel. Salz	
70 g kalter Butter	
2 Eßl. kaltem Wasser	zu einem glatten Teig verkneten, etwa 30 Minuten kalt stellen, den Teig dünn ausrollen, 4 kleine, gefettete Tortelettformen (Durchmesser etwa 10 cm) damit auslegen, für den Belag
250 g Speisequark	mit
100 g weicher Butter	
1 Eßl. Weizenmehl	
Salz, Pfeffer	verrühren, nach und nach
2 kleine Eier	unter den Quark rühren,
1 Knoblauchzehe	abziehen, fein würfeln, mit
2 Eßl. gehackter Petersilie	unter die Hälfte der Quarkmasse rühren, in 2 Förmchen füllen, glattstreichen, mit
2 Eßl. Pinienkernen	bestreuen, etwas festdrücken, die restliche Quarkmasse in die anderen beiden Förmchen füllen, glattstreichen,
100 g gekochten Schinken	in Würfel schneiden, auf die beiden Törtchen verteilen, mit
6 Salbeiblättchen	bedecken, backen.
Strom:	200
Gas:	3–4
Backzeit:	15–20 Minuten

UNSER TIP

Wer es pikanter mag, gibt auf den Blätterteig eine herzhafte mit Salz und Pfeffer abgeschmeckte Masse aus feingehackten gedünsteten Zwiebeln, Pilzen, frischen Kräutern und einem Schuß Sahne, bevor die Würstchen in den Teig gerollt werden.

Würstchen im Blätterteig

2 Packungen (600 g) tiefgekühlten Blätterteig	bei Zimmertemperatur auftauen lassen, aber nicht durchkneten, jede Teigplatte zu einem Rechteck (15 x 20 cm) ausrollen, dann so halbieren, daß Rechtecke von der Größe 15 x 10 cm entstehen,
12 Würstchen, etwa 15 cm lang	auf die Teigstücke verteilen, die Teigränder mit
Kondensmilch	bestreichen, die Würstchen in den Teig einwickeln, auf ein mit Wasser abgespültes Backblech legen, mit Kondensmilch bestreichen, das Backblech in den vorgeheizten Backofen schieben.
Strom:	200–225
Gas:	4–5
Backzeit:	Etwa 30 Minuten
Beilage:	Tomatensalat
Getränk:	Bier

Maismehl-Pfannkuchen

ohne Abbildung

	Für den Teig
150 g Maismehl	in eine Schüssel sieben, in die Mitte eine Vertiefung eindrücken,
3 Eier, Salz 1 Teel. Zucker 500 ml (1/2 l) Milch	verschlagen, etwas davon in die Vertiefung geben, von der Mitte aus Eiermilch und Mehl verrühren, nach und nach die übrige Eiermilch dazugeben, darauf achten, daß keine Klumpen entstehen, den Teig 1–2 Stunden stehen lassen,
	für die Füllung
250 g Salami	in Würfel schneiden,
250 g Goudakäse	grob reiben,
300 g gekochte, heiße Erbsen	
	etwas von
6 Eßl. Speiseöl	in einer Stielpfanne erhitzen, eine dünne Teiglage hineingeben, von beiden Seiten goldgelb backen, bevor der Eierkuchen gewendet wird, etwas Speiseöl in die Pfanne geben, die übrigen Eierkuchen auf die gleiche Weise zubereiten, jeweils auf eine Eierkuchenhälfte etwas von der Füllung geben, die andere Eierkuchenhälfte darüber klappen, die Eierkuchen anrichten.

Kohlpastete

Für den Teig

250 g Weizenmehl in eine Schüssel sieben, eine Vertiefung in die Mitte drücken,

20 g Frischhefe hineinbröckeln,

125 ml (1/8 l) lauwarmes Wasser
1/2 Teel. Salz
1 Prise Zucker
4 Eßl. Speiseöl hinzufügen und zu einem glatten Teig verkneten, zugedeckt an einem warmen Ort etwa 30 Minuten gehen lassen,

für die Füllung

500 g Weißkohl putzen, waschen, in Streifen schneiden, in Salzwasser 5 Minuten kochen, abtropfen lassen,

1 Gemüsezwiebel abziehen, in Streifen schneiden,

1 Bund Dill und

1 Bund Petersilie abspülen, trockentupfen, fein hacken, mit den Kohl- und Zwiebelstreifen vermengen, mit

Salz, Pfeffer würzen,

2 Eier hart kochen, pellen, fein hacken, den Teig zu einem Rechteck ausrollen, Kohlmasse darauf geben, Eier darüber streuen,

60 g Butter zerlassen, über die Pastete träufeln, aufrollen, auf ein gefettetes Backblech legen, die Pastete mit

1 verschlagenen Ei bestreichen, auf dem Backblech in den vorgeheizten Backofen schieben.

Strom: Etwa 175
Gas: Etwa 3
Backzeit: Etwa 40 Minuten

Quark-Dip mit Schinken

125 g Speisequark, Magerstufe mit

4 Eßl. Buttermilch verrühren

100 g Lachsschinken in kleine Würfel schneiden, unterrühren, mit

Knoblauchsalz
frisch gemahlenem Pfeffer würzen

1/2 Eßl. gehackte Kräuter (Estragon, Kerbel, glatte Petersilie) unterrühren.

Den Quarkdip zu der Kohlpastete reichen.

UNSER TIP

Die Kohlpastete schmeckt pikanter, wenn man den Weißkohl auf 375 g reduziert und dafür 250 g frische Bratwurstmasse unter die Kohlmasse knetet.

Quarkbrot

ohne Abbildung

500 g Weizenmehl	in eine Schüssel sieben, mit
1 Päckchen Trocken-Backhefe	sorgfältig mischen,
1 Packung (200 g) Speisequark (40 %)	
1 1/2 Teel. Salz	
1 Teel. Zucker	
150 ml lauwarme Milch	hinzufügen, alles mit dem Knethaken eines elektrischen Handrührgerätes zuerst auf der niedrigsten Stufe, dann auf der höchsten Stufe in etwa 5 Minuten zu einem Teig verarbeiten,
100 g geschälte Sonnenblumenkerne	unterkneten, den Teig an einem warmen Ort so lange stehenlassen, bis er doppelt so hoch ist, ihn dann auf einer bemehlten Tischplatte nochmals durchkneten, mit
Weizenmehl	bestäuben, auf ein gefettetes Backblech legen, den Teig nochmals so lange an einem warmen Ort stehenlassen, bis er etwa um 2/3 höher ist, erst dann in den Backofen schieben.
Strom:	225–250, Gas: 4–5
Backzeit:	Etwa 30 Minuten
Beigabe:	Butter, Honig oder Konfitüre

Kräuterkugeln

250 g Weizenmehl	in eine Schüssel sieben, mit
1 Päckchen Trocken-Backhefe	sorgfältig vermischen,
1 gestrichenen Teel. Zucker	
1/2 gestrichenen Teel. Salz	
50 g zerlassene, lauwarme Butter	
125 ml (1/8 l) lauwarme Milch	hinzufügen, alles mit einem elektrischen Handrührgerät mit Knethaken zuerst auf der niedrigsten, dann auf der höchsten Stufe in etwa 5 Minuten zu einem Teig verarbeiten,
1 Teel. Kräuter der Provence	unterkneten, den Teig an einem warmen Ort so lange stehenlassen, bis er etwa doppelt so hoch ist, ihn dann auf höchster Stufe nochmals gut durchkneten, aus dem Teig etwa 1 cm dicke Rollen formen, etwa 1 1/2 cm dicke Scheiben davon abschneiden, zu Kugeln formen, auf ein gefettetes Backblech legen, an einem warmen Ort nochmals so lange stehenlassen, bis sie etwa doppelt so hoch sind, die Kugeln mit
Dosenmilch	bestreichen, mit
grobem Salz	bestreuen, backen.
Strom:	175–200, Gas 3–4
Backzeit:	Etwa 15 Minuten

Leinsamenbrot

ohne Abbildung

100 g Leinsamen	in
100 ml heißem Wasser	etwa 30 Minuten quellen lassen,
250 g Roggen-Backschrot (Typ 1800)	
250 g Weizenmehl (Type 550)	in eine Rührschüssel geben, mit
1 Päckchen Trockenhefe	sorgfältig vermischen,
gut 1 Teel. Zucker	
gut 1 Teel. Salz	
3 Eßl. Speiseöl	
250 ml (1/4 l) lauwarme Buttermilch	hinzufügen, die Zutaten mit einem elektrischen Rührgerät mit Knethaken zunächst auf der niedrigsten, dann auf der höchsten Stufe in etwa 5 Minuten zu einem glatten Teig verarbeiten, gegen Ende den Leinsamen unterkneten, den Teig an einem warmen Ort gehen lassen, aus der Schüssel nehmen, durchkneten, ein ovales Brot formen, auf ein gefettetes Backblech legen, nochmals gehen lassen, die obere Seite des Teiges mehrere Male etwa 1 cm tief einschneiden, mit Wasser bestreichen, in den vorgeheizten Ofen schieben, während des Backens ab und zu mit Wasser bestreichen.
Strom:	Etwa 200
Gas:	3–4
Backzeit:	Etwa 1 Stunde

Käseschnecken

150 g Weizenmehl	mit
3 g (1 gestrichener Teel.) Backpulver	mischen, auf die Tischplatte sieben, in die Mitte eine Vertiefung eindrücken,
100 g geriebenen Schweizer oder alten Holländer Käse	
1 Eiweiß	
1/2 Eigelb	hineingeben, mit einem Teil des Mehls zu einem dicken Brei verarbeiten,
100 g kalte Butter oder Margarine	in Stücke schneiden, mit
50 g abgezogenen, gemahlenen Mandeln	auf den Brei geben, mit Mehl bedecken, von der Mitte aus alle Zutaten schnell zu einem glatten Teig verkneten, sollte er kleben, ihn eine Zeitlang kalt stellen, den Teig in zwei gleich große Teile teilen, zwei Rechtecke in der Größe von 28 x 24 cm ausrollen,
1/2 Eigelb	mit
1 Teel. Milch	verschlagen, die Teigplatten damit bestreichen, jede mit der Hälfte von
15 g geriebenem Parmesankäse	bestreuen, jede von der längeren Seite her fest aufrollen, die Rollen so lange kalt stellen, bis sie schnittfest sind, in 1/2 cm dicke Scheiben schneiden, auf ein gefettetes Backblech legen, in den vorgeheizten Backofen schieben.
Strom:	175–200
Gas:	4
Backzeit:	Etwa 12 Minuten

UNSER TIP

Die Kräuterkugeln können auch mit beliebigen anderen Kräutermischungen, z. B. Italienische Kräutermischung, gewürzt werden. Die Kräuterkugeln können warm oder kalt zu Wein oder Bier gereicht werden.

UNSER TIP

Käseschnecken sind eine feine Beilage zu Weinproben. Den Rand eines großen runden oder ovalen Tellers dünn mit Eiweiß einstreichen und mit gehackten Kräutern bestreuen. Die Schnecken in dem Kräuterring anrichten. Statt der Kräuter kann man auch Kräuterblüten auf den Tellerrand „kleben".

Käseecken

ohne Abbildung

150 g Weizenmehl auf die Tischplatte sieben, in die Mitte eine Vertiefung eindrücken,

80 g geriebenen Parmesankäse oder Schweizer Käse
1/2 Teel. Salz
Pfeffer, Paprika edelsüß
1 Ei
3 Eßl. Milch hineingeben, mit einem Teil des Mehls zu einem dicken Brei verarbeiten,

100 g kalte Butter oder Margarine in Stücke schneiden, auf den Brei geben, mit Mehl bedecken, von der Mitte aus alle Zutaten schnell zu einem glatten Teig verkneten, sollte der Teig kleben, ihn eine Zeitlang kalt stellen,
den Teig dünn ausrollen, in Vierecke (etwa 5 x 5 cm) schneiden, diese nochmals in Hälften schneiden, so daß Dreiecke entstehen, die Teigplätzchen auf ein gefettetes Backblech legen, mit

Kondensmilch bestreichen, nach Belieben mit Paprika bestreuen, in den vorgeheizten Backofen schieben.

Strom: 175–200, Gas: 3–4
Backzeit: Etwa 10 Minuten

Weizenfladenbrot

ohne Abbildung

500 g Weizenvollkornmehl
1 Teel. Meersalz in eine Rührschüssel geben,

6 Eßl. Speiseöl
etwa 250 ml (1/4 l) kaltes Wasser hinzufügen, mit einem Handrührgerät mit Knethaken zunächst auf niedrigster, dann auf höchster Stufe zu einem glatten Teig verkneten, den Teig etwa 15 Minuten ruhen lassen, dann in kleine Teigstücke teilen, zu Kugeln formen, auf einem gefetteten Backblech flach ausrollen,

1 Eigelb mit
1 Eßl. Wasser verschlagen, die Fladen damit bestreichen, nach Geschmack mit

Sesam
Kümmel
Koriander bestreuen, das Blech in den vorgeheizten Backofen schieben.

Strom: Etwa 225
Gas: 4–5
Backzeit: 10–15 Minuten

Liptauer, hausgemacht

1 Zwiebel abziehen
50 g Weißlacker Käse
50 g Limburger Käse die drei Zutaten in feine Würfel schneiden, mit

1 Packung (200 g) Speisequark, Magerstufe mit
2 Eßl. Butter
1 Eßl. Paprika edelsüß gut verrühren, kalt stellen.
Beigabe: Vollkornbrot oder Stangenweißbrot.

Sesamkäsestangen

125 g Speisequark mit
3 Eßl. Milch
1 Ei
3 Eßl. Speisöl
1 gestrichenen Teel. Salz verrühren,

250 g Weizenmehl
1 Päckchen Backpulver mischen, sieben, die Hälfte davon unter den Quark rühren, den Rest des Mehls unterkneten,

50 g gerösteten Sesam
25 g geriebenen Parmesankäse unter den Teig kneten, den Teig knapp 1/2 cm dick ausrollen, daraus 1 1/2 cm breite und 12 cm lange Streifen daraus schneiden oder rädern,

1 Eigelb mit
1 Teel. Milch verschlagen, die Teigstreifen damit bestreichen, auf ein gefettetes Backblech legen, in den vorgeheizten Backofen schieben.

Strom: 175–200
Gas: 3–4
Backzeit: 10–15 Minuten
Die Sesamkäsestangen können als Beilage zur Bouillon oder zum Aperitif gereicht werden.

Mohn- und Sesamhörnchen

500 g Weizenmehl (Type 550 oder Type 1050) in eine Schüssel sieben, mit
1 Päckchen Trocken-Backhefe sorgfältig vermischen,

50–60 g Zucker
1 gestrichenen Teel. Salz
abgeriebene Schale von 1/2 unbehandelten Zitrone
1 Ei, 1 Eiweiß
60 g weiche Butter
200 ml lauwarme Milch hinzufügen,
alle Zutaten in der Küchenmaschine oder mit einem elektrischen Handrührgerät mit Knethaken zuerst auf der niedrigsten, dann auf der höchsten Stufe in etwa 5 Minuten zu einem glatten Teig verarbeiten, den Teig an einem warmen Ort so lange gehen lassen, bis er etwa doppelt so hoch ist, ihn dann nochmals auf der Tischplatte gut durchkneten, zu einer Rolle formen,
die Teigrolle in 12–14 Stücke schneiden, die Teigstücke zu etwa 18 cm langen Rollen formen, dabei die Rollenenden etwas dünner formen,

1 Eigelb, 1 Eßl. Milch verschlagen, die Oberfläche der Teigrollen damit bestreichen, die Hälfte der Teigrollen mit

Mohn und die andere Hälfte mit
Sesamsaat bestreuen, die Teigrollen in Form von Hörnchen auf ein gut gefettetes Backblech legen, abgedeckt an einem warmen Ort nochmals so lange gehen lassen, bis sie etwa doppelt so hoch sind, backen, während des Backens eine Schale mit heißem Wasser auf den Boden des Backofens stellen.

Strom: 175–200, Gas: 3–4
Backzeit: Etwa 20 Minuten

UNSER TIP

Koriander sind die getrockneten Früchte des Korianderstrauches mit süßlich aromatischem Duft. Ganz, geschrotet oder gemahlen im Angebot; sehr beliebt für Gebäcke und pikante Gerichte.

UNSER TIP

Beim Backen der Mohnhörnchen sollte darauf geachtet werden, daß die Mohnhörnchen nicht zu dunkel werden, da dann der Mohn einen bitteren Geschmack bekommt. Gegebenenfalls sollten die Hörnchen rechtzeitig beim Backen mit Alufolie abgedeckt werden.

UNSER TIP

Alfalfa (Luzerne) ist eine Hülsenfrucht mit einem kleinen länglichen, braunen Samen. Es ist eine der ältesten Futterpflanzen. Alfalfa wird auch zur Anzucht von Keimlingen verwendet.

Sprossen-Pizza

	Für den Teig
30 g frische Hefe	in
3–4 Eßl. lauwarmem Wasser	auflösen, mit
400 g Weizenvollkornmehl	
etwa 200 ml (1/5 l) lauwarmem Wasser	
2 Eßl. Nußöl	zu einem elastischen, formbaren Teig verkneten,
2 Zwiebeln	abziehen, in Würfel schneiden,
1 Eßl. Nußöl	erhitzen, Zwiebeln anbraten,
1 Knoblauchzehe	abziehen, zerdrücken, unterrühren, mit
Salz	
Pfeffer	würzen, mit dem Teig verkneten, etwa 30 Minuten an einem warmen Ort gehen lassen, Teig in vier Portionen teilen, zu Pizzen von etwa 25 cm Durchmesser ausrollen, diese auf zwei gefettete Backbleche legen,
	für den Belag
1 kg Fleischtomaten	waschen, in Scheiben schneiden, auf die Pizzen legen, mit Salz, Pfeffer bestreuen,
1 Tasse (250 ml) Erbsenkeime	
1 Tasse (250 ml) Kichererbsenkeime	
1 Tasse (250 ml) rote Linsenkeime	
1 Tasse (250 ml) gelbe Linsenkeime	so auf die vier Pizzen verteilen, daß jede Keimart ein Viertel bedeckt, Pizzen noch etwa 15 Minuten gehen lassen, Backbleche nacheinander auf der mittleren Schiene in den vorgeheizten Backofen schieben.
Strom:	180–200
Gas:	Etwa 3–4
Backzeit:	Etwa 25 Minuten
	Pizzen mit
4 Eßl. Nußöl	beträufeln,
2 Eßl. Alfalfakeime	mit
4 Eßl. geriebenem Parmesankäse	mischen, über die Pizzen streuen.
Beilage:	Gemischter Salat

Olivenbällchen

Für den Teig

40 g frische Hefe in **125 ml (1/8 l) lauwarmem Wasser** auflösen, mit **600 g Weizenvollkornmehl**, **etwa 300 ml (3/10 l) lauwarmem Wasser**, **3 Eßl. Olivenöl**, **3 Eßl. getrockneten italienischen Kräutern**, **1 Teel. Salz** verkneten, bis ein formbarer, elastischer Teig entstanden ist, den Teig etwa 1 Stunde an einem warmen Ort gehen lassen, bis sich sein Volumen verdoppelt hat,

für die Füllung

150 g grüne, mit Paprika gefüllte Oliven mit **150 g geschälten Mandeln** im Mixer pürieren, mit **200 g Ricotta oder Sahnequark**, **200 g Magerquark**, **1 Eßl. getrockneten italienischen Kräutern** verrühren,

aus dem Vollkornteig 30 kleine Kugeln formen,

mit dem Daumen die Teigkugeln von der Mitte nach außen drücken, so daß rundherum ein Rand entsteht, auf ein mit **Olivenöl** gefettetes Backblech setzen,

die Mandel-Oliven-Creme mit einem Löffel in die Teigkugeln geben,

andrücken, etwa 15 Minuten gehen lassen, Backblech auf der mittleren Schiene in den vorgeheizten Backofen schieben.

Strom: 180–200, Gas: Etwa 3

Backzeit: Etwa 25 Minuten

1 rote Paprikaschote waschen, halbieren, entstielen, Kerne und weiße Scheidewände entfernen, Schote in sehr schmale Streifen schneiden,

auf die gebackenen Oliven-Bällchen geben, noch warm servieren.

UNSER TIP

Ricotta ist ein italienischer Frischkäse aus Kuhmolke. Er ist weich und mild und wird für viele süße oder würzige Speisen verwendet.

UNSER TIP

Hefeteige mit Vollkornmehl müssen bei der Zubereitung eine weiche Beschaffenheit haben, damit sie beim Gehen noch quellen können, sonst wird der Teig zu zäh.

Camemberttorte

	Für den Teig
250 g Weizenvollkornmehl	in eine Rührschüssel geben, mit
1/2 Päckchen Trocken-Backhefe	sorgfältig vermischen,
175 ml lauwarmes Wasser **1 Eßl. Speiseöl** **1 Teel. Meersalz**	hinzufügen, die Zutaten mit einem Handrührgerät mit Knethaken zunächst auf niedrigster, dann auf höchster Stufe in etwa 5 Minuten zu einem glatten Teig verarbeiten, den Teig so lange an einem warmen Ort stehenlassen, bis er sich sichtbar vergrößert hat,
	für den Belag
2 kleine Porreestangen	putzen, waschen, in Ringe schneiden,
200 g Champignons	putzen, waschen, blättrig schneiden,
3 Eßl. Speiseöl	erhitzen, das Gemüse darin andünsten, erkalten lassen, einige Porreeringe und Champignons zum Garnieren zurücklassen,
3 Eßl. Weizenvollkornmehl	in eine Rührschüssel geben, mit
125 ml (1/8 l) Milch **1/2 Teel. Meersalz** **weißen Pfeffer**	verrühren,
1 Eßl. gekörnte Instant-Fleischbrühe	in
1 Eßl. heißem Wasser	auflösen,
1 Teel. Zitronensaft	hinzufügen, mit
2 Eßl. Sojasoße	abschmecken, mit dem Gemüse vermengen, den Teig nochmals gut durchkneten, 2/3 des Teiges auf dem Boden einer gefetteten Springform (Durchmesser etwa 28 cm) ausrollen, den Rest zu einer Rolle formen, sie als Rand auf den Teigboden legen, so an die Form drücken, daß ein 2–3 cm hoher Rand entsteht, den Teigboden mehrmals mit einer Gabel einstechen, die Füllung daraufgeben, mit
375 g Camembertscheiben	belegen,
100 g halbierte gefüllte Oliven	darauf anrichten, mit dem zurückgelassenen Porree und den Pilzscheiben garnieren, nochmals an einem warmen Ort stehenlassen, bis sich der Teig sichtbar vergrößert hat, die Form auf dem Rost in den vorgeheizten Backofen schieben.
Strom:	200–225
Gas:	4–5
Backzeit:	Etwa 30 Minuten

UNSER TIP

Sojasoße ist eine ostasiatische Würzsoße, hergestellt aus der eiweißreichen Soja-Bohne durch Fermentieren. Sie ist ein typischer Bestandteil der asiatischen Küche und dient zum Würzen von Suppen, Wild, Geflügel, Fisch, Fleisch, Salaten, Reis- und Teigwarengerichten.

UNSER TIP

Peperoni ist die italienische Bezeichnung für Paprikaschoten. Bei uns ist der Name gebräuchlich für die kleinen, scharfen Sorten. Sie werden im Glas eingelegt angeboten oder auch frisch.

Brotpizza

	Für den Teig
375 g Weizenmehl	auf die Tischplatte sieben, mit
1 Päckchen Trocken-Backhefe	sorgfältig vermischen,
4 Eßl. Speiseöl	
1 gestrichenen Teel. Salz	
1 Teel. Zucker	
250 ml (1/4 l) lauwarmes Wasser	hinzufügen, alles mit einem elektrischen Handrührgerät mit Knethaken zuerst auf der niedrigsten, dann auf der höchsten Stufe in etwa 5 Minuten zu einem Teig verarbeiten, sollte er kleben, noch etwas Mehl hinzufügen, aber nicht zuviel, der Teig muß weich bleiben,
	den Teig an einem warmen Ort so lange stehenlassen, bis er doppelt so hoch ist, ihn dann auf der höchsten Stufe nochmals gut durchkneten, auf einem mit
Butter oder Margarine	gefetteten Backblech ausrollen,
	für den Belag
250 g Zwiebeln	abziehen, in Würfel schneiden, in
2 Eßl. Speiseöl	unter Rühren glasig dünsten,
4 Eßl. Tomatenmark	unterrühren, die Zwiebelmasse auf den Teig streichen,
500 g Tomaten	kurze Zeit in kochendes Wasser legen, in kaltem Wasser abschrecken, häuten, in Scheiben schneiden, mit
200 g gedünsteten Champignonscheiben	
200 g Salamischeiben oder gekochtem Schinken	
275 g Goudakäsescheiben	auf den Zwiebeln verteilen, nach Belieben
3–4 Peperoni (aus dem Glas)	dazugeben,
	die Pizza mit
frisch gemahlenem schwarzen Pfeffer	
gerebeltem Oregano oder Kräutern der Provence	bestreuen, einen mehrfach geknickten Streifen Alufolie vor den Teig legen, den Teig nochmals 15 Minuten an einem warmen Ort gehen lassen, in den vorgeheizten Backofen schieben.
Strom:	175–200
Gas:	3–4
Backzeit:	20–30 Minuten
Beilage:	Grüner Salat

UNSER TIP

Mozzarella ist ein italienischer Frischkäse aus Büffel- oder Kuhmilch. Er wird für Pizzen und zum Überbacken von Gerichten verwendet. Besonders beliebt ist er mit Tomatenscheiben und Basilikum angerichtet als Vorspeise.

Mini-Lauchpizza

125 g Weizenmehl	sieben, mit
1/4 Teel. Salz	
70 g kalter Butter	
2 Eßl. kaltem Wasser	rasch zu einem glatten Teig verkneten, in Alufolie eingewickelt kalt stellen, den Teig auf bemehlter Arbeitsfläche dünn ausrollen, vier Tortelettförmchen (Durchmesser etwa 10 cm) damit auskleiden,
4 Scheiben Raclettekäse	auf den Böden verteilen,
100 g durchwachsenen Speck	in Würfel schneiden, auslassen,
2 Stangen Porree (Lauch)	putzen, seitlich einschneiden, gründlich waschen, in Streifen schneiden, im Speckfett etwa 10 Minuten dünsten, mit
Salz, Pfeffer	würzen,
150 g Mozzarellakäse	abtropfen lassen, würfeln, mit der Porree-Speck-Mischung auf die Torteletts verteilen, die Förmchen auf dem Rost in den vorgeheizten Backofen schieben.
Strom:	Etwa 200
Gas:	3–4
Backzeit:	15–20 Minuten

Pizza Monte Carlo

ohne Abbildung

1 Packung Grundteigmischung für Pizzateig	nach der Vorschrift auf der Packung zubereiten, zu einem Quadrat von 30 x 30 cm ausrollen, auf ein mit
Butter oder Margarine	gefettetes Backblech legen, mit der
Gewürzmischung aus der Packung	bestreichen für den Belag
etwa 200 g gekochten Spargel	
etwa 240 g Artischockenböden (aus der Dose)	beide Zutaten abtropfen lassen, mit
100 g Krabbenfleisch	auf dem Teigboden verteilen, mit
Pfeffer	
gerebeltem Oregano	bestreuen
175 g Gouda-Käse	raspeln, über den Belag streuen, mit
Olivenöl	beträufeln das Backblech in den vorgeheizten Backofen schieben.
Strom:	200–225
Gas:	4–5
Backzeit:	Etwa 25 Minuten.

Muschel-Pizza

Für den Teig

300 g Weizenmehl	in eine Schüssel sieben, mit
1 Päckchen Trocken-Backhefe	sorgfältig mischen,
4 Eßl. Speiseöl	
1 gestriehenen Teel. Salz	
knapp 125 ml (1/8 l) lauwarme Milch	hinzufügen, alles mit einem elektrischen Handrührgerät zuerst auf der niedrigsten, dann auf der höchsten Stufe etwa 5 Minuten zu einem Teig verarbeiten, sollte er kleben, noch etwas Mehl hinzufügen, aber nicht zuviel, der Teig muß weich bleiben, den Teig an einem warmen Ort so lange gehen lassen, bis er doppelt so hoch ist, ihn dann auf der höchsten Stufe nochmals gut durchkneten, den Teig halbieren, jede Teighälfte zu einer runden Platte von etwa 20 cm Durchmesser ausrollen, auf ein Backblech legen, für den Belag
etwa 250 g gedünstete Champignons	halbieren,
2 Dosen (je ewa 180 g) spanische Muscheln	abtropfen lassen,
200 g gekochten Schinken	und
4 enthäutete Tomaten	in Stücke schneiden,
10 spanische Oliven, mit Paprika gefüllt	in Scheiben schneiden,
250 g Mozzarellakäse	in Stücke schneiden,
5 kleine rote Pfefferschoten (aus dem Glas)	abtropfen lassen, entkernen, in Ringe schneiden, die Zutaten auf den beiden Pizza-Böden verteilen, mit
1/2 Eßl. grünen Pfefferkörnern	
1/2 Teel. gerebeltem Oregano	
1/2 Teel. gerebeltem Basilikum	
gerebeltem Salbei	
gerebeltem Rosmarin	
4 Eßl. Olivenöl	beträufeln, die Pizzen nochmals an einem warmen Ort gehen lassen, bis der Teig etwa doppelt so hoch ist, erst dann das Backblech in den vorgeheizten Backofen schieben.
Strom:	200–225
Gas:	4–5
Backzeit:	Etwa 25 Minuten

UNSER TIP

Als grünen Pfeffer bezeichnet man den rohen, ungetrockneten Pfeffer, der nach dem Pflücken in Dosen oder Kunststoffbehältern in Salzlake oder Essiglösung konserviert wird. Er wird auch gefriergetrocknet angeboten. Er wird aus Malabar, Madagaskar oder Brasilien eingeführt.

Damit alles besser gelingt, ist es empfehlenswert, nicht nur die Rezepte sorgfältig zu lesen, sondern auch im Ratgeber zu blättern und Tips und Tricks miteinzubeziehen. Und natürlich tragen frische Zutaten und gute Arbeitsgeräte wesentlich zum Gelingen bei.

Backhitzen

Strom, Gas, Heißluft

Die richtig eingestellte Backtemperatur ist genauso wichtig wie der genaue Zubereitungsablauf der einzelnen Gebäcksorten.

Eine Hausfrau sollte deshalb nicht nur die Herstellung der verschiedenen Teigarten beherrschen, sondern auch ihren Herd kennen.

Da die unter den Rezepten angegebenen Backzeiten länger oder kürzer sein können, abhängig von Umständen, die auf die Verschiedenartigkeit der Herde, auf unterschiedliche Energiezufuhr und auch auf die Beschaffenheit der Zutaten zurückzuführen sind, empfiehlt es sich, gegen Ende der Backzeit öfter nach dem Gebäck zu sehen und zu prüfen, ob der Kuchen durchgebacken ist. Dies kann mit Hilfe der Holzstäbchen-Probe erfolgen. Das Stäbchen wird in die Mitte des betreffenden Gebäcks gestochen. Bleiben keine feuchten Krumen daran haften, ist das Gebäck gar.

Alle Teige, die in Formen gebacken werden, sollen stets auf dem Backrost stehen und nicht auf das Backblech oder auf den Boden des Backofens gestellt werden, da die Gebäcke dann von unten entweder zu dunkel werden oder nicht genügend bräunen, wenn die Hitze zu stark gehalten wird (Backblech).

Masse und Mengen

1 kg	1000 g
1 Eßl. Mehl, gestrichen	10 g
1 Eßl. Speisestärke, gestrichen	8 g
1 Eßl. Speisestärke, schwach gehäuft	10 g
1 Eßl. Semmelmehl, gestrichen	10 g
1 Eßl. Semmelmehl, schwach gehäuft	15 g
1 Eßl. Grieß, gestrichen	12 g
1 Eßl. Salz, gestrichen	15 g
1 Eßl. Zucker, gestrichen	15 g
1 Eßl. Zucker, schwach gehäuft	20 g
1 Eßl. Zucker, gut gehäuft	25 g
1 Teel. Mehl, gestrichen	3 g
1 Teel. Mehl, schwach gehäuft	4 g
1 Teel. Speisestärke, gestrichen	2 g
1 Teel. Speisestärke, schwach gehäuft	3 g
1 Teel. Salz, gestrichen	5 g

1 Teel. Zucker, gestrichen	4 g
1 Teel. Zucker, schwach gehäuft	5 g
1 Teel. Backpulver, gestrichen	3 g
1 Teel. Speiseöl	5 g
1 Teel. Senf, schwach gehäuft	8 g
1 Teel. Senf, gestrichen	5 g
1 Eßl. Senf, schwach gehäuft	25 g
1 Eßl. Fett, gestrichen	15 g
1 Eßl. Tomatenmark, gestrichen	20 g
1 Eßl. Tomatenmark, schwach gehäuft	25 g
1 Eßl. Tomaten-Ketchup, schwach gehäuft	30 g
1 Eßl. Tomaten-Ketchup, gestrichen	20 g
1 Eßl. Joghurt (3,5 % Fett), gestrichen	20 g
1 Eßl. Joghurt (3,5 % Fett) schwach gehäuft	35 g
1 Eßl. saure Sahne (10 % Fett), gestrichen	20 g
1 Eßl. saure Sahne (10 % Fett), schwach gehäuft	35 g
1 Eßl. Crème fraîche (30 % Fett) schwach gehäuft	30 g

Die kleinen Backgeräte

Es könnte ja sein, daß Sie mal ganze Nüsse oder Mandeln haben, sie zerkleinern möchten, aber keine Mandelmühle besitzen. Unser Beispiel beweist, daß Sie dieses Gerät brauchen, wenn Sie häufig backen. Spätestens zur Weihnachtszeit für Mandeln oder Nußmakronen. Auf dem Foto oben links sehen Sie neben der Mandelmühle auch so unentbehrliche Dinge wie grobe und feine Reiben z. B. für Schokolade und Zitronenschale. Dann kleine Formen für allerlei Torteletts. Und Tortenteiler, mit denen Sie problemlos gleichmäßig große Tortenstücke auf Torten markieren und mit manchen Geräten auch schneiden können. Etwas versteckt darunter steht das wichtige Kuchengitter. Darauf läßt man fachgerecht Kuchen auskühlen. Würde das auf Tellern geschehen, dann würde der Boden feucht und weich, was keiner wünschen kann.

Schneebesen aller Formen, praktisch für allerlei Kuchenbäckerarbeit, liegen neben zwei Teigrädchen (Foto oben), mit denen Sie ausgerollte Teige in Form bringen können. Backpinsel sind geradezu unentbehrlich. Man fettet damit Formen ein, bestreicht Teig mit verschlagenem Eigelb, Wasser und bringt Glasur damit auf. Unentbehrlich sind Teigschaber und Teighörnchen, mit denen man Teig aus den Schüsseln schabt und Teig in der Form glattstreicht. Und dann die vielen hübschen Förmchen (Foto oben), die Herzen, Sterne und Bogen für Kleingebäcke, die Schiffchen und rechteckigen Formen, die man mit Knetteig ausfüllt und süß oder pikant füllt. Wer häufig Torten zubereitet, braucht dringend Spritzbeutel mit verschiedenen Tüllen. Und mit den Paletten kann man leicht Kleingebäck auf das Blech heben.

Die unterschiedlichen Mehltypen

Die Verarbeitung des Getreidekorns zum Endprodukt Mehl ist ein langer und aufwendiger Weg.
Der Mahlprozeß des gereinigten und gelagerten Getreides erfordert bis zu 20 Vermahlungsstufen.
Es beginnt mit dem Zerkleinern des Korns auf Walzen zu Schrot. Durch Absieben werden Kleie und Keimling entfernt. Durch weiteres Sieben werden die verschieden großen Mehlkörperteilchen nach ihrer Größe getrennt. Weiteres Zerkleinern während der folgenden Mahlstufen ergibt Grieß (je nach Weizensorte – Hartweizen- oder Weichweizengrieß).
Die nächste Ausmahlungsstufe nennt man Dunst, im Handel als besonders feinkörniges, griffiges Mehl bekannt. Danach erfolgt die letzte Ausmahlung zu dem meistverbreiteten feinweißen Mehl der Type 405.
Weizen-Vollkornmehl und Mehle mit einer höheren Typenzahl (z. B. Type 1050) werden in einer der vielen Zwischenstufen vermahlen. Weizen-Vollkornmehl besteht aus dem ganzen Korn, also auch aus Randschichten und Keimling. Die Mehle mit einer höheren Typenzahl enthalten dementsprechend höhere Anteile an Korn-Randschichten. Unterschiedliche Anteile der Korn-Randschichten werden durch die Farbe des Mehls deutlich.
Die meistgekauften Mehl- und Grießsorten haben wir hier abgebildet:

Weizenauszugsmehl der Type 405 (1)

Diese feine, hellste Mehlsorte ist das Universal-Haushaltsmehl für alle Anwendungsbereiche und wird deshalb mit großem Abstand am häufigsten verwendet.
Die Weizenmehltype 405 hat eine besonders hohe Backfähigkeit, da der Anteil der im Inneren des Mehlkörpers enthaltenen Eiweißstoffe besonders groß ist. Die Eiweißstoffe quellen beim Backen in der Feuchtigkeit des Teiges; der Teig erhält eine gute Festigkeit und Stabilität und wird zart und feinporig.

Dunst oder doppelgriffiges Mehl (2)

ist ein besonders feinkörniges, griffiges Mehl, das die Verarbeitung von schwierigen Teigen deutlich vereinfacht. Hefegebäcke gehen besser auf, und Strudelteige werden lockerer.

Dunkles Weizenmehl Type 1050 (3)

Es enthält einen besonders großen Anteil der Randschichten des Weizenkornes und ist deshalb reich an wertvollen Mineralstoffen, Vitaminen und Ballaststoffen. Durch die hervorragenden Backeigenschaften eignet es sich für Brot und viele andere Gebäckarten mit herzhaft-kräftigem Geschmack.

Weizen-Vollkornmehl (4)

wird aus hochwertigen, kräftigen Weizenkörnern mit der Scha-

le gemahlen. Der hohe Schalenanteil gibt dem Mehl die angenehme braune Farbe, den vollen Geschmack und läßt es besonders wertvoll für eine gesunde Ernährung sein.

Weichweizengrieß (5)
ist sehr feinkörnig, schalenfrei und wird aus dem weitverbreiteten Weichweizen ermahlen.
Es enthält verdauungsfördernde Ballaststoffe und höherwertiges Eiweiß als die meisten anderen Getreidearten. Zusammen mit seinem herzhaften Geschmack wird es damit zum idealen Brotmehl.

Hartweizen-Grieß (6)
er ist kernig, hart und herzhaft im Geschmack und wird ausschließlich aus hochwertigen, goldgelben Durum-Weizen gemahlen. Hartweizen-Grieß eignet sich besonders gut für Aufläufe, Klöße und Suppeneinlagen.

Roggenmehl Type 997 (7)
Dieses dunkle, kräftige Mehl ist voller wertvoller Mineralstoffe.

Roggenvollkornmehl Type 1800 (8)
ist das aus dem ganzen Korn bestehende Mahlprodukt. Je nach Korngröße unterscheidet man zwischen Grob- und Feinschrot.

Teige formen

Hefezopf
Aus Hefeteig 3 längliche Rollen formen. Die Teigrollen zu einem Zopf umeinanderschlingen.

Hörnchen
Blätterteig zu einer Platte von 72 x 14 cm ausrollen und Dreiecke ausschneiden (die breite Dreieckseite muß jeweils etwa 12 cm lang sein). Die Ränder der Teigdreiecke mit etwas Kondensmilch bestreichen. Die breite Teigseite mit etwas Füllung belegen und die Teigstücke zu Hörnchen aufrollen.

Windmühlen
Blätterteig dünn ausrollen und Vierecke von 10 x 10 cm ausrädeln. Die Ecken etwa 5 cm bis zur Mitte einschneiden. In der Mitte eines jeden Teigvierecks eine gedünstete Aprikosenhälfte legen. Jeweils 2 Teigspitzen über die Aprikosenhälfte legen.

Blätterteig-Kuverts
Blätterteig dünn ausrollen und Quadrate von 10 x 10 cm ausschneiden. Die Mitte der Teigquadrate mit etwas Füllung belegen. Die Teigecken bis zur Mitte auf die Füllung legen.

Garnieren und Verzieren

Ein wahrer Augenschmaus und Vorgenuß sind stets farbenfroh verzierte große und kleine Gebäcke.
Einige Beispiele, was man wie machen kann, haben Sie bei den bereits vorgestellten Rezepten gesehen. Hier wollen wir Ihnen einige grundlegende Tips geben.

1

Zuckerglasur

200 g Puderzucker, evtl. mit etwas Kakao oder Instant-Kaffeepulver vermischt, mit etwa drei Eßlöffeln Flüssigkeit, z. B. Wasser, Zitronensaft, Fruchtsaft, Malventee oder Likör verrühren.

Eiweißglasur

200 g Puderzucker, evtl. mit etwas Kakao oder Instant-Kaffeepulver vermischt, mit 1 Eiweiß verrühren. Die Glasur nach Belieben mit Lebensmittelfarbe einfärben. Eiweißglasuren eignen sich besonders gut zum Spritzen. Dafür den Guß in Pergamentpapiertütchen füllen und damit Plätzchen, Kuchen und Torten beliebig verzieren.

Glasuren auftragen (Foto 1)

Beim Auftragen von Glasuren auf größere Gebäckstücke, z. B. Torten, die Glasur auf die Mitte gießen und von da aus gleichmäßig verstreichen. Dann die Glasur am Tortenrand herunterfließen lassen und mit einem schräggehaltenen Messer verstreichen. Dabei muß schnell gearbeitet werden, damit die Glasur erst fest wird, wenn sie gleichmäßig aufgetragen ist. Glasuren müssen die richtige Konsistenz haben, um gut haften zu bleiben und den Teig in einer glatten Schicht abzudecken. Zu dicke Glasuren lassen sich schlecht auftragen. Zu dünne Glasuren decken nicht ab und sickern in den Kuchenteig.
Damit die Glasur nicht einsickert, sollte das Gebäck vorher mit Marmelade oder Konfitüre bestrichen oder mit einer dünnen Marzipandecke belegt werden.
Soll Kleingebäck völlig mit Glasur überzogen werden, dieses auf eine Gabel spießen, in die Glasur eintauchen und auf einem Kuchengitter abtropfen lassen.

2

Gezogene Glasur

Eine Torte mit 100 g aufgelöster Kuvertüre überziehen.
Puderzucker mit etwas Eiweiß zu einer spritzfähigen Masse verrühren, in ein Pergamentpapiertütchen füllen und auf den noch feuchten Guß in Form einer Spirale spritzen (von der Tortenmitte ausgehend). Durch den noch feuchten Guß mit einem spitzen Holzstäbchen in gleichmäßigen Abständen acht Mal von der Tortenmitte zum Rand und umgekehrt ziehen.

Plätzchen verzieren

Für die Plätzchen den Teig auf der Arbeitsfläche dünn ausrol-

3

4

len und verschiedene Motive ausstechen. Die Plätzchen backen, auskühlen lassen. Gesiebten Puderzucker mit etwas Eiweiß streichfähig verrühren. Jeweils einen Teil mit Lebensmittelfarbe beliebig färben. Die Plätzchen damit bestreichen und mit aufgeklebten Schokoladenplätzchen, Schokotröpfchen, Schokoborke, Moccabohnen, Zuckerblümchen, Schokoladenstreuseln, Liebesperlen oder Baisersternen verzieren.

Dekorationen aus Marzipan-Rohmasse
Für die Zubereitung von Dekorationen aus Marzipanrohmasse zwei Teile Rohmasse mit einem Teil Puderzucker verkneten (d. h. 100 g Marzipan-Rohmasse mit 50 g Puderzucker verkneten).
Wenn die Masse angewirkt ist, ist sie leichter zu verarbeiten und bricht oder reißt nicht.

Selbstgemachte Schokoladenspäne (Foto 2)
Für selbstgemachte Schokoladenspäne, z. B. für Schwarzwälder-Kirsch-Torte oder für Schokoladentorte 200 g dunkle Kuvertüre im Wasserbad schmelzen. Die Masse auf eine glatte Fläche, z. B. eine Marmorplatte, in dünner Schicht gießen. Die erstarrte Schokolade mit einem Spachtel zu Spänen abschaben.

Marzipanblätter und -blüten (Foto 3)
Für die Marzipanmasse 100 g Marzipan-Rohmasse mit 50 g Puderzucker verkneten. Für die Blüten etwas angewirktes Marzipan mit roter Lebensmittelfarbe färben, kleine Kugeln formen, mit dem Daumennagel kleine Platten drücken und zu einer Rose anordnen. Für die Blätter etwas angewirktes Marzipan mit grüner Lebensmittelfarbe färben und zu Rosenblättern formen. Mit einem Messerrücken Blattadern in die Blätter kerben. Aus ungefärbter Marzipanmasse einen Stiel formen. Die einzelnen Teile zu einer Rose zusammensetzen.

Schokolierte Früchte (Foto 4)
Kuvertüre im Wasserbad schmelzen. Früchte in die aufgelöste Kuvertüre tauchen und auf einem Kuchengitter oder Pergamentpapier trocknen lassen.
Unentbehrliche Backzutaten wie z. B. Mandeln, Nüsse, Pistazien, Krokant, Mohn, kandierte Früchte, Marzipan, Nuß-Nougat können gleichzeitig originelle Garnierungen für Fest- und Weihnachtsgebäck sein.
Für Kinderfeste werden Plätzchen und Kuchen mit Zuckerblümchen, Regenbogen-Zucker, farbiger Zuckerschrift, Streuseln, Liebesperlen usw. liebevoll verschönt. Denn Kinder lieben Buntes. Die farbigen Blümchen und Perlen werden mit Hilfe von aufgelöster Kuvertüre, Eiweiß oder Zuckerguß auf das erkaltete Gebäck geklebt.

Alphabetisches Register

Kapitel-Register